MW00677408

A:

_____

DE:

_____

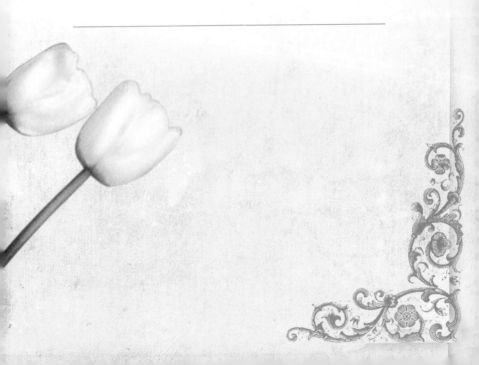

La misión de Editorial Vida es proporcionar los recursos necesarios a fin de alcanzar a las personas para Jesucristo y ayudarlas a crecer en su fe.

©2006 EDITORIAL VIDA
Miami, Florida

Publicado en inglés bajo el título:
Just the Two of Us
por *The Zondervan Corporation*
en asociación con INJOY, Inc., Duluth, GA
© 2004 por Les y Leslie Parrott

Traducción: *Elizabeth Fraguela M.*
Edición: *Wendy Bello*
Composición del interior: *artserv*
Diseño de cubierta:
UDG | Design Works, www.thedesignworksgroup.com

Reservados todos los derechos

ISBN 0-8297-4509-2

Categoría: Inspiración / Libro de regalo / General

Impreso en China
Printed in China

06 07 08 09 10 11 ❖ 6 5 4 3 2 1

TÚ Y YO

CONVERSACIONES DE AMOR

PARA MEDITAR EN PAREJA

LES Y LESLIE PARROTT

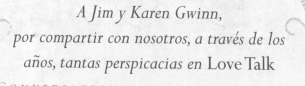

*A Jim y Karen Gwinn,
por compartir con nosotros, a través de los
años, tantas perspicacias en* Love Talk

(CONVERSACIONES DE AMOR, PROGRAMA
RADIAL DE LOS AUTORES).

INTRODUCCIÓN

El 4 de julio de 1938, nació Bill Withers en Slab Fork, West Virginia, un pueblo de mineros de carbón. Se crió en el cercano Beckley, y solo tenía trece años cuando murió su padre, un minero de carbón. Durante varios años hizo trabajos temporarios para ayudar a su madre. Luego, a la edad de diecisiete años, se unió a la Marina. Durante un período de nueve años en la Marina, Withers sintió la inspiración de tratar de cantar. Siguió cantando después de acabar el servicio militar, pero nunca creyó alcanzar éxito comercial. Él solo quería escribir y cantar canciones que expresaran sus sentimientos.

Pero hubo algo en la manera que rasgueaba su guitarra acústica y su tierna voz, que cautivó los oídos de otras personas además de sus amigos. En 1971, el veterano de la Marina y reparador de inodoros de aerolíneas, logró colocar una canción en la lista de éxitos de música pop titulada *Ain't No Sunshine* [No hay sol], que ha seguido siendo una de las canciones más interpretadas en la historia de la radio. Pero fue diez años más tarde que Withers y su colega Grover Washington, hijo, alcanzaron la fama con *Just the Two of Us* [Solo nosotros dos]. Con su sencilla melodía y estilo informal, esta cautivó los sentimientos de todas las parejas enamoradas. *Just the Two of Us*. La canción no se conoce por su profundidad lírica, pero es difícil quitarse de la mente esta sola frase melódica una vez que se la oyes cantar a él. La frase motiva ternura, armonía y relación, todo lo que desea cada pareja.

En 1981 nominaron a Withers para cuatro Grammies por *Just The Two of Us* y ganó el premio Grammy al mejor compositor del año. Poco después de este éxito estupendo, la prominencia de Withers en la industria de la música decayó con rapidez y él casi desapareció de la música. No fue hasta que un reportero de *Vibe Magazine* [Revista Vibración] hizo algunas investigaciones años más tarde, que se solucionó el enigma. «Me convertí en un esposo muy serio», le dijo Withers al reportero. «Ese es mi trabajo de tiempo completo».

Resultó que el muy reservado Bill Withers no solo cantaba acerca del amor, realmente lo vivía con su esposa. Y a través de una de las melodías radiales más populares, él nos recuerda a cada uno de nosotros, como parejas, que empleemos tiempo para la intimidad, para la relación, solo para los dos.

Desde luego, estos momentos románticos, estos interludios amorosos en nuestras vidas ocupadas, solo serán tan buenos como sean nuestras conversaciones. Después de todo, es nuestra conversación de amor la que determina cuán cerca nos sentimos el uno del otro. Y nuestras conversaciones no siempre son como soñamos que debían ser. En efecto, una encuesta reciente que hizo la *American Sociological Review* [Revista de sociología norteamericana] informó que las mujeres trabajadoras dicen que ellas hablan con sus esposos un promedio de doce minutos al día. Es por eso que escribimos este pequeño libro de meditaciones sobre la comunicación.

La verdad es que habíamos buscado por todas partes un pequeño libro de lecturas rápidas como este para nuestra propia relación, pero nunca encontramos uno. Cuando escribimos nuestro libro *Love Talk: Speak Each Other's Language Like You Never Have Before* [Conversaciones de amor: Hablen el idioma el uno del otro como nunca antes] teníamos esperanzas de recomendar un libro como este que sirviera de compañía a nuestros lectores, algo que aumentara sus momentos de meditación juntos. Pero no podíamos encontrar un pequeño libro de lecturas que ayudara a las parejas a perfeccionar sus habilidades de comunicación y los acercara más.

Es exactamente por eso que diseñamos este libro para que tú lo leas a tu manera. Puedes leerlo rutinariamente, una meditación a la semana o, incluso, una al día. O tal vez tu estilo sea más espontáneo. Está bien. El libro no se hizo para estudiarlo o leerlo de una vez. Las treinta meditaciones se hicieron cortas a propósito para que las puedas leer en el camino. Este es el tipo de libro para colocarlo al lado de la cama o en la guantera del auto o sobre la mesa de la cocina. Cuando ustedes dos quieran un poco de inspiración y algo en lo cual pensar y hablar juntos, especialmente cuando se relaciona con sus conversaciones de amor, lean una de estas meditaciones, no importa el orden. Léanla en voz alta o en silencio, como más les guste. Pero léanla juntos. Solo ustedes dos.

Les y Leslie Parrott
SEATTLE, WASHINGTON

CONTENIDO

Sea vuestra palabra siempre
con gracia, sazonada con sal.

COLOSENSES 4:6

Tú y Yo

La conversación que nos une

Matrimonio: Una larga conversación salpicada de disputas.

ROBERT LOUIS STEVENSON

Daniel Webster, un abogado y estadista del siglo diecinueve, estaba enamorando a la que sería su esposa, Grace Fletcher. Mientras él la ayudaba sosteniendo unas madejas de hilo de seda, le sugirió: «Grace, hemos estado trabajando para zafar nudos, vamos a ver si pudiéramos amarrar un nudo que dure toda una vida sin zafarse». Enseguida se detuvieron y a la suerte amarraron un nudo de seda que sería casi imposible de zafar. Grace aceptó la proposición de Webster.

Después de morir, los hijos de la pareja encontraron en sus posesiones una cajita que decía: «Documentos preciosos». Entre el contenido encontraron unas cartas de enamorados y un pequeño nudo de seda, uno que nunca se había desatado.

«Para bien o para mal, en riqueza o en pobreza, en salud o enfermedad, hasta que la muerte nos separe». Solo palabras. Realmente una simple frase. Tú las oyes repetir en todas las bodas. ¿Te impresionan? Probablemente no. Una cosa es decir estas palabras y otra es mantenerlas. El matrimonio es un pacto que se confirma solo a través del curso de toda una vida. Y según las estadísticas, la mitad del tiempo no es así.

Habíamos reunido un pequeño panel de expertos en matrimonio para entrevistarles en un auditorio de casi doscientos estudiantes universitarios que estudian sobre matrimonio en nuestra universidad. Ninguno de estos «expertos» tiene un doctorado. Ninguno ha publicado artículos académicos ni ninguna otra cosa relacionada con el matrimonio. Ni siquiera sabemos si alguna vez leyeron un solo libro acerca del matrimonio. Todo lo que sabemos es que estas parejas eran expertas en virtud de la longevidad de sus relaciones. Elvin y Lois, casados durante 72 años. Ken y Mable, 68 años. Eldon y Dotty, 70 años.

¿Sabían ustedes que el matrimonio podría durar tanto tiempo? Le preguntamos a nuestros estudiantes antes de ofrecerles la oportunidad de hacer las preguntas. Ellos se sentaron impactados ante estas parejas afectuosas como si estuvieran viendo una rara curiosidad perteneciente a un museo. Un estudiante levantó la mano: «Si usted combinara la cantidad de años que cada una de estas parejas ha estado casada, el resultado serían 210 años». Algunos estudiantes se sonrieron, pero hicieron un absoluto silencio cuando el próximo estudiante preguntó: «¿Qué los mantuvo unidos durante todos estos años?» Elvin fue el primero en hablar. «Una determinación perdurable de hacerlo y horas incontables de conversaciones significativas», dijo él. El resto del panel asintió con la cabeza.

Piense en todas las conversaciones que parejas como estas han sostenido durante décadas. Comenzaron con conversaciones acerca de su futuro. Dónde vivirían. Cómo se ganarían la vida. Es posible que años más tarde sus conversaciones cambiaran al tema de la crianza de sus familias, decidir cuántos hijos tener y cómo criarlos. Cuando llegaron a la mitad de la vida y luego se enfrentaron al nido vacío y al retiro, es seguro que recordaron las vacaciones, los días festivos memorables, cualquier otra cosa y todo lo demás. Y tú puedes estar seguro de que estas parejas también tuvieron sus discusiones y conflictos. Es seguro que han encarado cientos de obstáculos y que juntos tomaron miles de decisiones. Tú no puedes hacer eso sin algunas discusiones candentes.

Es comprensible que Elvin dijera que fueron sus conversaciones lo que los mantuvo unidos a través de las décadas.

Nuestras conversaciones son el hilo figurativo que teje todas las experiencias compartidas y nos une un poquito más con cada intercambio. Y con suficientes conversaciones que cubran tópicos incontables durante décadas, con el tiempo reconoceremos que hemos atado un nudo que no se puede desatar. Ya sea que estés comenzando tu peregrinaje de amor para toda la vida o que estés disfrutando de muchos aniversarios, imagínate cuáles serían tus conversaciones luego de estar casado durante sesenta o setenta años. Difícil de imaginar y ni siquiera hablar acerca de esto, ¿verdad? Pero incluso esa es otra conversación, simboliza una hebra más que forma tu nudo bien amarrado.

Una de las grandes similitudes entre la cristiandad
y el matrimonio es que, para los cristianos,
ambos mejoran a medida que envejecen.

JEAN REES

Lo que Dios ha unido, que no lo separe el hombre.

MARCOS 10:9

¿QUÉ NOS FALTA?

Si hay algún secreto para alcanzar el éxito, este descansa en la habilidad de tomar el punto de vista de la otra persona y ver las cosas desde el ángulo de la otra persona así como desde el tuyo.

HENRY FORD

Un amigo nuestro nos estaba mostrando los alrededores de su nueva propiedad, realmente una residencia. Viajamos por un camino largo y con curvas, pasamos árboles maravillosos y estacionamos el auto en su entrada circular. La casa estaba situada majestuosamente sobre esta extensión de terreno con una vista al cañón y el río por debajo.

A solo unos pasos de la casa principal había una pintoresca casa de huéspedes anidada entre unos árboles y un poco más lejos, un hermoso granero .

«Esto es maravilloso», exclamó Leslie mientras caminábamos por la entrada de la casa.

«Gracias» contestó nuestro amigo, «después de tanto buscar, no podíamos creer que tuviéramos la suerte de encontrar este lugar».

«¿Ustedes se mudaron enseguida o primero hicieron algunos arreglos?», preguntó Les.

«No hicimos nada adentro, pero sí pusimos una terraza nueva en la parte de atrás de la casa para aprovechar la vista, déjenme enseñárselas». Mientras atravesábamos la cocina hasta la puerta francesa que nos llevaba a la nueva terraza, nuestro amigo dijo: «Aquí realmente cometimos un gran error».

Luego pasó a contarnos que le pagó a un contratista para que supervisara el proyecto porque él y su familia estaban haciendo un viaje largo y no podían estar en la casa para atender esto. «Le dije que queríamos construir una chimenea en el exterior de la terraza para sentarnos alrededor en una de esas tardes frías de Missouri y disfrutar la vista y la compañía mutua, una especie de área para conversaciones tranquilas».

«Parece muy agradable», dijo Leslie.

«Bueno… no resultó ser así». Él abrió la puerta y mostró una monstruosa chimenea en el exterior que se elevaba tanto que parecía una pared de ladrillos. Parecía que la habían diseñado específicamente para obstruir lo que de lo contrario hubiera sido una vista magnífica del valle hasta un río serpenteante.

«¿Pueden creer esto?» preguntó nuestro amigo.

Impactados, ambos permanecimos en silencio durante un momento. Era horrendo.

«No sé en qué estaba pensando el constructor y no sé por qué firmé los planos», confesó nuestro amigo.

«Cada vez que nos sentamos aquí, sentimos que nos estamos perdiendo exactamente lo que en primer lugar nos atraía de este lugar.

¿Alguna vez te has sentido así? No necesitas haber sufrido

una gran metedura de pata en la construcción para comprender este sentir. Como parejas, con frecuencia creamos circunstancias que nos hacen perder algo maravilloso en nuestra relación, todo porque no le prestamos la atención que requería.

¿Alguna vez has tenido una época en la que ustedes dos estaban planeando tener una gran conversación (quizás durante una cita en la noche) y no resultó ser tan buena? Ustedes están sentados al lado de la proverbial acogedora chimenea, pero la conversación no es lo que se imaginaron. ¿Qué nos falta? Lo más probable es que sea empatía, la capacidad de poner en el lugar de tu compañero.

Una relación sin empatía es como una casa enclavada entre montañas con ventanas clausuradas con ladrillos. Tal vez sea un refugio funcional pero podría ser mucho más. No te pierdas la vista digna de un millón de dólares que viene cuando ves el mundo desde la perspectiva de tu compañero.

*El verdadero espíritu de conversación consiste en tener
más interés en sacar a relucir la inteligencia de los demás
en lugar de mostrar la tuya de manera exagerada.*

LA BRUYERE

*Cada uno debe velar no sólo por sus propios intereses
sino también por los intereses de los demás.*

FILIPENSES 2:4

CUANDO EL SILENCIO
ES ENSORDECEDOR

No creas que porque el agua esté en calma no hay cocodrilos.

PROVERBIO MALAYA

«¡No puedo creer que estemos en el cráter de un volcán!» Leslie estaba hablando por medio de aparatos, un micrófono y unos auriculares, que todos estábamos usando.

«Miren cómo estos árboles están volviendo a crecer a pesar de estar rodeados por la corriente de lava», repliqué yo.

Estábamos volando en un helicóptero sobre la boca del Monte San Helens con nuestros amigos Kevin y Kathy, y todos estábamos fascinados con lo que estábamos presenciando casi dos décadas después de la explosión. Si tú no estabas viviendo en el noroeste del Pacífico el 18 de mayo de 1980, no puedes recordar la conmoción que, literalmente, causaron las noticias. Ese fue el día en que el Monte San Helens entró en erupción. La gente en Seattle y Portland escuchó la estruendosa y vio un cielo espeluznante de color rojo, esmaltado con colores brillantes por el reflejo del sol sobre toneladas de cenizas volando desde el volcán. Yo (Les) recuerdo barrer las cenizas de la terraza de un amigo en Portland.

La explosión, como una bomba nuclear, se escuchó hasta una distancia de 965 kilómetros. ¿Te puedes imaginar cómo debe haber sido para los que estaban cerca, en la cabecera de los ríos Toutle y Cowlitz, donde la inundación pronto comenzó a llevar escombros desde la explosión de la montaña?

Es interesante notar la cantidad de personas que rescataron a unas pocas millas de la montaña y que dijeron que no escucharon la explosión. Algunos, solo a dos o tres kilómetros de distancia, creyeron que la oscuridad del cielo causada por la explosión reciente era una masa de nubes y lluvia. ¿Cómo era esto? Resultó que ellos estaban en una «zona de silencio». Los científicos explican que el increíble estallido hacia arriba de la montaña que explotó también envía el sonido del evento a la atmósfera, desde donde rebotó hasta la tierra varias veces, pero en intervalos que estaban hacia afuera y lejos de la montaña.

Una zona de silencio. Algunas parejas, tal vez la mayoría, de vez en cuando crean una zona de silencio. Por lo general ocurre cuando se ha creado un aumento de vapor en la relación porque uno de los miembros de la pareja se siente frustrado, amenazado o inseguro. Desde luego, cuando este sentimiento se acumula, con frecuencia puede estallar en ira. Es entonces cuando las cenizas al rojo vivo de las palabras comienzan a caer como la lluvia.

Si tú has entrado en la zona de un silencio no saludable en tu relación y debajo de tus pies puedes sentir el temeroso ruido de la ira, nosotros tenemos una sencilla técnica que te ayudará a calmar la situación: Identifica exactamente cuál es el motivo que los hace sentir, a uno o a ambos, emocionalmente inseguros. Piensa en los factores que te ocasionan un temor personal. Quizás sean el temor de perder tiempo, perder la aprobación, perder la lealtad o perder una norma de calidad que tú te has establecido para ti mismo o tu relación.

Cualquier cosa que te esté haciendo sentir amenazada/o o insegura/o , a ti o a tu cónyuge, es la fuente de la ira que te está haciendo hervir la sangre, como dice el refrán. Esto es lo que conduce al silencio ensordecedor en una relación. Una vez que ambos identifiquen sus temores emocionales, podrán salir de la zona de silencio. Conversen amablemente acerca de sus temores y casi inmediatamente sentirán cómo las tensiones comienzan a aliviarse.

A medida que nos liberamos de nuestros temores,
automáticamente nuestra presencia libera a otros.

NELSON MANDELA

El que teme … no ha sido perfeccionado en el amor.

1 JUAN 4:18

¿EN QUÉ PUEDO SERVIRLE?

Una mujer que tiene que pensar dos veces para recordar los puntos cardinales cuando está parada en su patio, ¿cómo puede saber con exactitud dónde y en qué ropero de la casa yo tiré mi guante del juego de pelota después del último juego el verano pasado?

GREGG LEWIS

Una atribulada joven mamá fue a una clase para «Organizar su vida». Después de escuchar muchos consejos de organización, preguntó: «¿Pero cómo se puede lograr que los niños ayuden a recoger? Tengo dos hijos jóvenes y normalmente me es más fácil recogerlo todo yo. De esta manera sé dónde están las cosas y todo está en orden, pero esto me frustra».

Otra mujer en la clase contestó: «En nuestra casa, usamos un "Mayordomo con forma de caja". Cada vez que algo en la casa se queda fuera de su lugar, incluso las llaves del auto o una billetera, va a dar a una caja de madera grande a la que llamamos la Caja Mayordomo. Si alguien está buscando algo que está perdido y lo encuentra en la Caja Mayordomo, no tiene derecho a solo agarrarlo. Esa persona tiene que hacer cinco minutos de tareas domésticas para recuperar el objeto».

«¡Qué buena idea!» Dijo la primera mujer. «¿Qué edad tenían sus hijos cuando comenzó a hacer eso?»

«¿Hijos?» contestó la segunda mujer. «Nosotros no tenemos hijos. Esto es para mi esposo».

¡Gracias a Dios que Leslie no ha inventado una Caja Mayordomo para mí! Pero secretamente yo entendería si lo hiciera. Todos nosotros necesitamos una pequeña ayuda y un incentivo para mantener la vida organizada. A decir verdad, realmente yo soy el más organizado de los dos, por lo menos en la casa. Pero cuando se trata de nuestras conversaciones, Leslie me gana. Ella tiene una manera extraordinaria de saber dónde dejamos un cierto tópico, qué conversación dejamos de concluir y todavía necesitamos terminar y cuándo y dónde es mejor hablar acerca de ciertos temas.

Por ejemplo, alrededor de las 11:00 p.m. en una noche cualquiera, no sería poco común para mí comenzar un tema referente a nuestro horario.

«Necesitamos comprar los pasajes y decidir quién va a cuidar los niños durante nuestro viaje a Boston el próximo mes», diría yo mientras me estoy preparando para acostarme.

«¿Qué?»

«Sí, ¿tú quieres salir el jueves por la noche o el viernes por la mañana?»

Ese es el momento en que Leslie con toda gentileza dice algo así: «Les, tú sabes que esta no es la mejor hora para yo hablar acerca de esto».

Y ella tiene razón. Como una lechuza nocturna, yo necesito recordar que ya ella está concluyendo el día precisamente cuando mi cerebro agarra velocidad. Después de dos décadas de matrimonio, tú creerás que yo recuerdo esto. Pero al igual que algunas personas tienen la tendencia de perder sus llaves, yo creo que mi tendencia es a permanecer en una tarea, para resolver un problema, incluso aunque el momento no sea el mejor.

Es por eso que juntos hemos descubierto nuestro propio sistema de «Caja Mayordomo para las conversaciones». Es un lugar donde ponemos todos los tópicos que tenemos que atender en el momento propicio. Es una especie de zona de espera, un archivo de «hablaremos de esto más tarde» para conversaciones que necesitamos tener con el tiempo.

Decidir las opciones del preescolar para Jackson. Explorar si tenemos que comprar un segundo automóvil. Determinar si, cuándo y cómo nos gustaría reunirnos con miembros de la familia durante los días feriados. Todo esto pudiera ir a nuestra Caja Mayordomo para las conversaciones. La mayoría del tiempo, claro, no colocamos estos tópicos en ningún sitio tangible, pero en la realidad de vez en cuando construimos una lista de conversaciones sin terminar

que necesitamos atender, ¿te das cuenta? Entonces, ¿qué tienen en su Caja Mayordomo para las conversaciones? Tal vez sea una buena hora para organizar su vida de conversación haciendo un rápido inventario.

Es correcto tener una conversación,
pero de vez en cuando debes suspenderla.
RICHARD ARMOUR

¿Quién es sabio y entendido entre ustedes? Que lo
demuestre con su buena conducta, mediante obras
hechas con la humildad que le da su sabiduría.
SANTIAGO 3:13

ME ADIVINASTE EL PENSAMIENTO

Dar algo por sentado permite que lo mejor de la vida te pase por delante.

JOHN SALES

El músico Michael Card se casó en 1982. Él y Susan esperaban que todo iba a salir bien, pero no pasó mucho tiempo antes de que comenzaran a tener problemas de comunicación.

«Me sorprendió reconocer que había algunas cosas de las cuales no podíamos hablar», le dijo Susan a la revista *Marriage Partnership* [Asociación matrimonial].

Sus luchas se intensificaron a medida que Michael comenzó a pasar más tiempo en la carretera, haciendo hasta 150 conciertos en un año. El pastor de los Card sugirió que ellos obtuvieran un servicio de consejería antes de que los pequeños problemas se convirtieran en grandes. Ellos dicen que les costó humildad admitir que estaban tan necesitados como todas las demás personas. Pero a través de las sesiones de consejería, la pareja Cards aprendió algunas habilidades eficientes de comunicación que usan hasta el día de hoy.

«Todavía yo me quedo quieto y distante, esperando que Susan me lea la mente», dice Michael. «Después de todo, es mucho más fácil esperar que tu esposa sea una vidente, que desenmarañar cómo te sientes en cuanto a un asunto».

¿No es esto cierto? ¿Cuántas veces tú esperas que tu cónyuge adivine lo que estás pensando? Mucho más a menudo de lo que tal vez quieras admitir, ¿verdad? Todos lo hacemos. Cada uno de nosotros juega al juego de adivinar en nuestra relación. No requiere esfuerzos.

Ella debe saber que es desconsiderada conmigo al hacer lo que está haciendo.

Si él me amara, sabría que esta noche yo quiero salir a comer.

Él debe saber que cuando me siento así, lo único que deseo es que me dejen sola.

Si realmente ella se preocupa por mí, debe saber que a mí no me gusta que hable durante tanto tiempo por teléfono.

¿Le parece familiar este tipo de diálogo interno? Como hemos dicho, todos lo hacemos. Hay algo acerca de esta idea de una relación amorosa e íntima que nos hace pensar que nuestro cónyuge sencillamente debe *saber* ciertas cosas de nosotros. Deben saber lo que queremos, cómo nos sentimos y todo lo demás.

Desde luego, no es razonable esperar esto. Y cuando hacemos dichas suposiciones acerca de nuestro cónyuge, estamos permitiendo que se nos escapen las oportunidades doradas. Si realmente pudiéramos verbalizar lo que esperamos que nuestro cónyuge «solo sepa», ellos entonces tendrían una oportunidad de actuar en cuanto a eso. Así que en lugar de malhumorarte porque tu cónyuge no te llevó a comer, dale la oportunidad de hacerlo.

Ahora bien, sabemos que tú estás diciendo: *Pero eso le quita todo el romance.* Ah, ¿verdad? ¿Con toda honestidad tú piensas que es más romántico quedarse en la casa y lamentar en silencio porque tu cónyuge descuida tus deseos en lugar de decir algo y posiblemente salir a comer o ir al cine? Claro que no. Lógico, es magnífico que tu cónyuge lo haga por iniciativa propia. Celebra esos momentos. Pero no esperes que esto sea la regla cuando lo más probable es que sea la excepción. Después de todo, tú te casaste con un simple mortal, ¡y tú mismo/a eres un simple mortal!

A propósito, los lectores de la mente van en ambas direcciones. A veces tú asumes lo peor acerca de lo que tu cónyuge está pensando:

Seguramente ella está brava porque yo compré ese palo de golf.

A él no le podría importar menos lo que estoy diciendo.

Ella todavía está brava por lo que yo dije durante la comida, hace dos noches.

Él quiere que yo deje de llamar a mi mamá por el teléfono celular.

¿Alguna vez te has visto atrapado en esta auto-trampa? Claro que sí. Todos las hemos experimentado. Así que la próxima vez que creas que tu cónyuge está bravo contigo, detente durante un momento y di: «Quiero leer tu mente». Literalmente. Luego dile lo que crees que se esté diciendo a sí mismo. Por ejemplo: «Creo que estás bravo por la forma en que me levanté hoy por la mañana», o, «Creo que estás bravo porque yo quería ver TV en lugar de salir a caminar». Luego pregunta: «¿Acerté?» Tu cónyuge entonces podrá calificar cuán acertado estás en una escala de porcientos. Por ejemplo, puede decir: «Eso es un veinte por ciento correcto», o «Eso está ciento por ciento correcto». Todas las parejas leen la mente todos los días, así que, ¿por qué no usarlo para tu ventaja y ver cuán acertado estás?

Actuamos de acuerdo a nuestros pensamientos.
Estos pensamientos literalmente se convierten
en nuestra experiencia de la vida diaria.
WAYNE DYER

Llevamos cautivo todo pensamiento
para que se someta a Cristo.
2 CORINTIOS 10:5

¿EN QUÉ ESTABAS PENSANDO?

Prefiero estar en desacuerdo con alguien que me comprende, que estar de acuerdo con alguien que no me comprende.

JAMES D. GLASSE

Cuando oímos las noticias del arresto de Alice Pike, nos quedamos pasmados. Alice es la mujer que procuró pagar sus compras en Wal-Mart con un billete de un millón de dólares. A medida que nos mirábamos el uno al otro, con los ojos muy abiertos, uno de nosotros dijo lo que era obvio: «¿En qué estaba pensando ella?»

Para empezar, la Secretaría de Hacienda de los Estados Unidos no emite un billete de banco con tantos ceros. (Si alguien trata de pasarle uno, tenga cuidado.) Pero oiga esto, Alice fue a la registradora con una cantidad de mercancía por valor de $1,675. ¡Lo asombroso es que esperara el vuelto! La matemática no es la materia que mejor dominamos, pero según nuestros cálculos, eso es mucho dinero para un vuelto. ¿Realmente Alice estaba esperando que la cajera le diera $998,325? ¿Concibió ella que la cajera dijera por los altoparlantes: «Necesitamos billetes de diez y veintes en la caja contadora número cinco?» ¿Trajo ella un vehículo lo suficientemente grande para llevar las compras y la montaña de dinero que le darían como cambio?

El plan de Alice era completamente irracional. Desde ningún ángulo tenía sentido. Pero si somos honestos, ¿no hemos pensado en esto? Bueno, es probable que no hayamos procurado pasar un billete de un millón de dólares, pero quizás hayamos tratado de hacer parecer que estamos prestando atención sin que nos descubran.

Precisamente el otro día, Les me estaba hablando acerca de nuestro cuadro financiero. Él estaba diciendo algo acerca de refinanciar la hipoteca, recortar nuestro presupuesto y reinvertir algunos de nuestros bienes. Por lo menos creo que esos son algunos de los términos que él usó, no estoy completamente segura porque no estaba prestando mucha atención. Para ser honesta, el dinero realmente no es mi interés principal, y cuando Les me trata de involucrar en una conversación financiera, mis ojos se viran al revés y mi atención se evapora. Entonces, ¿qué hago? Finjo. Finjo tener interés solo para que pasemos a otro tema.

«¿Así que te parece bien lo que estamos hablando?» Preguntó Les. «¿Estarás de acuerdo con todos esos cambios financieros que vamos a hacer?»

«Seguro», murmuré. «Si funciona para ti, funciona para mí».

Perfecto, ya se terminó esto. Al próximo asunto, y por favor, que sea más interesante. ¿No es esto conveniente? Seguro. Por el momento ya estoy libre, pero exactamente al doblar la esquina, cuando llegan los estados de cuentas de las tarjetas de crédito, ambos nos íbamos a llevar la gran sorpresa. Mi rápido acuerdo acerca de las finanzas fue fingido, un intento fraudulento, no para engañar a Les, sino para evitar tener que trabajar en una conversación que yo no disfruto.

Todos hemos estado en esta situación: fuera de sintonía, musitando durante una conversación solo para salir de eso. Tal vez sea por eso que preferiríamos ver TV o cocinar la cena … o hacer una llamada por teléfono … o hacer ejercicios. Las posibles distracciones no tienen fin. Sabemos que realmente no estamos participando, pero no nos importa. Estamos seguros de poder fingir la participación como lo hizo Alice Pike, creyendo que podría salirse con la suya al pasar un billete falso de un millón de dólares.

Pero, ¿qué debe hacer una pareja? Bueno, primero que nada, hablar el uno con el otro acerca de los temas que realmente no les interesan. Quizás sea hablar acerca de tu cuñado, el jardín, pescar, o lo que sea. Será útil ser sencillamente honesto cuando no compartes un interés en un cierto asunto. Pero necesitas hacer algo más que eso.

La próxima vez

que tu cónyuge procure comprometerte en una conversación a la cual no le prestarás la atención que merece, confiesa tus sentimientos en un tono amable y pregunta si se puede posponer el tema. Pospón la conversación y acuerda la hora para volver a tenerla, una hora en que no estarás distraído, irritable, hambriento, cansado y demás. Y si la conversación es dolorosa (como lo es para mí hablar acerca del presupuesto), prepara un sistema de premios en el proceso. Después de terminar el trabajo, vean una película, salgan a caminar, o hagan juntos alguna otra cosa, algo que los dos disfruten.

Los sentimientos de valor solo pueden florecer en una atmósfera en la que las diferencias individuales se aprecian, se toleran los errores, la comunicación es abierta y las reglas son flexibles.

VIRGINIA SATIR

Una respuesta sincera es como un beso en los labios.

PROVERBIOS 24:26

ESTOY HABLANDO

*«Mi esposa dice que yo nunca la escucho ... por
lo menos eso es lo que creo que ella dice».*

AUTOR DESCONOCIDO

La cama del hospital del viejo Pedro está rodeada de personas
que deseaban su recuperación, pero no se ve bien. De repente,
con frenesí él le hace señas al pastor pidiéndole algo en donde
escribir. El pastor con cariño le pasa una pluma y un pedazo de
papel. Pedro usa la poca energía que le queda para garaba-
tear una nota y luego se muere. El pastor cree que es
mejor no ver la nota enseguida, así que la coloca
en el bolsillo de su chaqueta. En los funerales
de Pedro, cuando el pastor está acabando
sus encomios, se da cuenta que está usando
la misma chaqueta que usó cuando Pedro
murió y dice: «Pedro me pasó una nota precisamente antes de morir. No la he visto, pero
conociendo a Pedro, estoy seguro que tendrá
palabras inspiradoras para todos nosotros».

Abre la nota y la lee en voz alta:
«¡Auxilio! Usted está pisando mi tubo de
oxígeno!»

¿Alguna vez te sentiste tan completamente olvidado cuando trataste de hablar
como le pasó a Pedro? ¿Alguna vez sentiste

que tu mensaje urgente no estaba llegando? Esto es común en la mayoría de los matrimonios. Incluso cuando sentimos que lo que tenemos que decir es importante, nuestro cónyuge puede aplastarlo sin siquiera saber lo que hizo. Considera esto:

Ella dice: «Quería contarte lo que le sucedió a Juanita hoy en la oficina».

Él dice: «Ah, eso me hizo recordar que mañana, antes de irme al trabajo, necesito que me hagas el favor de recogerme algo en la tintorería».

Ella dice: «Está bien. Así que Juanita obtuvo una información en cuanto a cómo yo voy a…»

Él (interrumpiendo) dice: «¿Entonces me lo vas a recoger a tiempo para irme a trabajar?

Ella (frustrada) dice: «¡Ya te dije que sí!»

Él dice: «Bien. Entonces, ¿qué está haciendo Juanita?»

Ella dice: «Ah, no te preocupes».

Desde luego, ella está ansiosa por contarle a su cónyuge acerca de Juanita, pero está probando para ver si realmente él quiere oír o no lo que ella iba a decir.

Él dice: «No, vamos. ¿Qué está pasando con Juanita?»

Ella dice: «Está bien, pero no quiero que me vuelvas a interrumpir.

¿Y quién la puede culpar? A nadie le gusta que lo pisen precisamente cuando comienza a hablar. Pero esto sucede. En efecto, si estás casado con una persona esforzada y orientada a cumplir las tareas (lo que llamamos un solucionador de problemas agresivo), tú conoces esto muy bien.

La clave, desde luego, es salvar la conversación antes de que pierda vida. Es normal probar los verdaderos motivos de tu cónyuge (¿quiere él o ella escucharme o no?), pero tú no quieres forzar demasiado. Observa cómo solo un paso más pudo haber tirado esta conversación por un precipicio:

Él dice: «No, vamos. ¿Qué está pasando con Juanita?»

Ella dice: «Ya no tengo deseos de hablar acerca de eso».

Él dice: «Está bien. Me gustaría oír qué pasó, pero si tú no quieres hablar, está bien».

Ella dice: «Está bien».

Ahora ellos están atascados. No van a ir a ninguna parte hasta que uno de ellos se rinda en esta lucha por el poder. ¿Ves lo fácil que es ahogar una conversación perfectamente buena antes de que ni siquiera comience? Haz todo lo posible para no permitir que esto te pase. Dale el beneficio de la duda a tu cónyuge que interrumpe. Pero si te ves involucrado en este tipo de ahogo, por favor, no permitas que dure demasiado. Saca el pie del tubo de oxígeno de tu cónyuge diciendo algo así:

«Lo siento. Creo que me sentí herida cuando me interrumpiste. Sé que tu tarea era importante para ti y que realmente podrás oírme mejor una vez que lo saques de tu lista de cosas por hacer. Realmente me gustaría hablar». Esto es todo. Una simple disculpa e invitación es todo lo que toma dar vida a una conversación que está languideciendo en el respirador.

El primer deber del amor es escuchar.

PAUL TILLICH

Recuérdales a todos ... buscar la paz y ser respetuosos, demostrando plena humildad.

TITO 3:1-2

AMOR

Te quiero,
no solo por lo que eres
sino por lo que soy
cuando estoy contigo.

Te quiero,
no solo por lo
que has hecho de ti mismo
sino por lo
que estás haciendo de mí.

Te quiero
Por la parte de mí
que tú sacas a relucir.

Te quiero
Por poner tus manos
En mi corazón todo desordenado
y pasar por alto
todas las tonterías y debilidades
que no puedes evitar
y ver allí débilmente
y sacar a relucir
todas las hermosas pertenencias
que nadie más ha buscado
con ahínco suficiente como para encontrar.

Te quiero
por ayudarme a hacer
de los troncos de mi vida
no una taberna
sino un templo;
De las obras de cada uno de mis días
No un reproche
Sino una canción.

AUTOR DESCONOCIDO

Un mensaje en una botella

Oh Maestro, haced que yo no busque tanto: Ser consolado, sino con-
solar. Ser comprendido, sino comprender. Ser amado, sino amar.

SAN FRANCISCO DE ASÍS

«Querida Catalina: Siento mucho no haber hablado contigo desde hace tanto tiempo». Así comienza una carta que escribió Garret, un viudo afligido. «Siento que he estado perdido. Sin dirección. Sin brújula. Me paso todo el tiempo chocando con las cosas. Un poco loco, creo. Nunca antes estuve perdido. Tú fuiste mi verdadero norte. Yo siempre podía conducir hasta la casa cuando tú fuiste mi hogar.

Perdóname por ponerme tan bravo cuando te fuiste. Sigo creyendo que se cometieron algunos errores, y estoy esperando que Dios los recoja».

Teresa, una periodista divorciada y solitaria, se encontró esta carta de amor tan conmovedora en una botella cuando caminaba por la playa en Outer Banks en Carolina del Norte. Ella siguió leyendo: «Pero ahora me va mejor. El trabajo me ayuda. Pero más que nada, me ayudas tú. Anoche tú viniste a mis sueños con esa sonrisa tuya que siempre me hizo sentir como un amado, me mecía como a un niño. Todo lo que recuerdo del sueño es esa sensación de paz. Me levanté con ese sentir y procuré mantenerlo vivo tanto como fuera posible. Te estoy escribiendo para decirte que estoy en un viaje hacia esa paz. Y para decirte que hay muchas cosas que me apenan tanto.

»Siento no haberte cuidado mejor para que nunca hubieras pasado ni un minuto sintiendo frío, o miedo o enferma. Siento no haberme esforzado más en buscar las palabras para decirte lo que yo sentía. Siento que nunca arreglé la puerta de malla. Ahora la arreglé. Siento las veces que peleé contigo. Siento no haberme disculpado más. Yo era muy orgulloso. Siento no haberte elogiado por todo lo que ponías y por todas las maneras en que arreglaste tu pelo. Siento no haberte agarrado con tanta fuerza que ni siquiera Dios hubiera podido llevarte. Con todo mi amor, G.»

Teresa, profundamente emocionada, usó sus habilidades de investigación como periodista para buscar al autor. Si viste la película *Message in a Bottle* [Mensaje en una botella], ya sabes lo que sucedió después. Los dos se consolaron mutuamente, con el tiempo se enamoraron y se ayudaron el uno al otro a reedificar sus vidas. Y aunque no hayas visto la película, todavía puedes sentir la profundidad del dolor que este hombre sufrió luego de la muerte de su esposa.

Es aleccionador considerar la muerte de tu alma gemela, pero ¿quien no ha permitido que el mórbido pensamiento baile en su mente por lo menos momentáneamente antes de despejarlo? Realmente no es algo para meditar. Pero hay una lección que se debe aprender de esta carta que escribió Garret a Catherine después que ella se fue. Nota cómo él le dice a ella, en su carta, cómo ella lo hacía sentir. Él le dice que ella siempre fue el fundamento de su vida, que le dio orientación y dirección. Él también anhela decirle que lo siente: «Siento no haberme esforzado más en buscar las palabras para decirte lo que yo sentía ... Siento no haberme disculpado más».

Es todo un recordatorio conmovedor de no irse sin decir las cosas que queremos decirnos el uno al otro. Así que toma un momento para considerar, si durante este día y tal vez el día anterior, hubo algo por lo cual tú puedas desear decir un simple «lo siento» a tu pareja.

Siento que te hablé tan severamente por haber abollado el auto.

Siento que no te dije cuánto me alegras mi día cuando me acaricias los hombros a medida que me pasas la correspondencia.

Siento que no te ayudé cuando traías las compras del supermercado.

Pocas cosas lavan el alma con más cariño y aprecio que este simple acto de confesar nuestras penas actuales, no importa lo pequeñas e insignificantes que parezcan. Así que no pospongas esto. No guardes tu mensaje para colocarlo en una botella. Es mucho mejor decírselo hoy a la persona que amas.

La manera de amar algo es reconocer que puede perderse.
G.K. CHESTERTON

Como naranjas de oro con incrustaciones de plata son las palabras dichas a tiempo.
PROVERBIOS 25:11

Anima tu conversación de amor

Un aburrido es una persona que puede cambiar el tema de una conversación para volver a su propio tema más rápido de lo que tú puedes volver al tuyo.

LAURENCE J. PETER

¿Alguna vez sentiste que tu conversación dormía a alguien, digamos por ejemplo, a tu cónyuge? Si es así, tal vez estés en el mismo caso del juez de los EE.UU. Michael Eakin, que decidió darle más sabor a lo que tenía que decir en su juzgado. Ahora él está administrando justicia poética al deliberar sus reglas en versos rítmicos, y esto no es un cuento. Un ejemplo es el caso de la Corte Suprema de Pennsylvania en el que una mujer decía que una mentira acerca del anillo de compromiso debía cancelar el acuerdo prenupcial.

Eakin escribió: «Un novio debe esperar el caos matrimonial / cuando su esposa descubra que él a ella le dio un cúbico circonio / en lugar de un diamante en el anillo nupcial / que él dijo tenía un valor de veintiún mil dólares».

Más tarde Eakin le dijo a un reportero: «Como juez, usted tiene la obligación de tener la razón, pero no tiene la obligación de ser aburrido».

Bueno, esa es una manera de hacer más interesante lo que uno tiene que decir. Pero al menos que tú tengas inspiración poética para expresar tu amor en versos, nosotros no recomendamos hablar en rima con tu cónyuge. Por otra parte, sí recomendamos evitar la conversación tediosa. Desde luego, lo que es aburrido para una persona puede ser fascinante para la otra. Considera esto:

Él dice: «Si yo pusiera al día la memoria de esta vieja computadora, la podríamos usar para los programas de educación de los niños, y ellos no tendrían que usar la mía».

Ella dice: «Está bien».

Él dice: «Estoy pensando que con otro par de megas o ram sería suficiente».

Ella dice: «Anjá».

Él dice: «Desde luego, si instalo un buen nodo inalámbrico, no, no creo que quiera hacer eso».

Ella bosteza.

Él dice: «En unos pocos meses va a salir un nuevo modelo. Ese será el mejor momento de investigar este asunto, ¿verdad?

Ella dice: «Me imagino que sí».

¿Ya tienes sueño? Te aseguro que la esposa de este hombre ya está lista para dormirse, y él ni siquiera lo ha notado. Ese es el asunto.

El aburrimiento llega a la conversación cuando una persona ni se imagina lo aburrido que ha llegado a ser. Después de todo, a él le cautivan las computadoras. Se subscribe a revistas de computadoras y le encanta visitar las tiendas de las computadoras. Su esposa, por otra parte, considera que el tema de las computadoras es tan interesante como las comidas de las aerolíneas.

¿Qué podría hacer esta pareja? Hacerse el propósito de hablar acerca de esto con mucho tacto. Ella necesita dejarle saber que se alegra de que él disfrute su hobby de la computadora. Pero también necesita dejarle saber que este tema es aburrido y tedioso para ella. Ella tiene ese deber. Y, con el tiempo, él tiene el deber para con ella de cambiar a un tópico de conversación más satisfactorio para ambos.

Esto no quiere decir que él nunca más hable de computadoras, tampoco es así. De hecho, ella necesita esforzarse un poco más para descubrir algo que pueda disfrutar acerca de ese hobby. Pero el asunto es este, él necesita ser un poco más sensible en cuanto a las inclinaciones e intereses naturales de su cónyuge cuando se deja llevar por el entusiasmo. Él necesita entender que ella está aburrida.

Todas las parejas tienen sus áreas aburridas,

los lugares en que uno o el otro cónyuge se sienten como que están sentados sometiéndose a una película de entrenamiento industrial. Así que, despiértate. Préstale atención a esos tópicos y lo aburrido que puede ser para tu cónyuge. Si puedes reíte de ti mismo cuando te dejas llevar por el entusiasmo con algo que lo duerme a él o a ella, mucho mejor. En efecto, tal vez este llegue a ser el momento de seguir el ejemplo del juez Eakin y hablar en rima, si te atreves.

En una conversación, recuerda que tú tienes más interés en lo que tienes que decir que nadie más.

ANDREW S. ROONE

Por lo tanto, esforcémonos por promover todo lo que conduzca a la paz y a la mutua edificación.

ROMANOS 14:19

RECARGAR TUS BATERÍAS

Detrás de todo discurso que sirva para algo, yace un silencio que es mejor.

THOMAS CARLYLE

Hace unos años estábamos viajando por Europa con otras dos parejas. Una de las ciudades que visitamos juntos y que más disfrutamos fue Milán, en Italia. La comida era deliciosa, la cultura era rica y nuestro hotel no podía ser mejor. Se veía la Catedral Duomo, famosa por los muchos tesoros que tiene allí guardados, incluyendo marfil, vasijas sagradas de oro y plata, vestiduras y tapices. Nuestro pequeño grupo de seis personas pasó la mejor parte de una tarde en esa hermosa catedral, literalmente sentados en el piso recostados a la pared del vestíbulo, disfrutando de la brisa fría y a veces hablando durante un momento acerca de las vistas y sonidos que apreciábamos. Pero mayormente nos sentamos allí en silencio. Tal vez habíamos empleado media hora estudiando la magnificencia de los vitrales que nos rodeaban, mientras que le dábamos un descanso a los pies después de la caminata que hicimos esa mañana.

Llegó un momento en que uno de los conserjes se dio cuenta que estábamos descansando con mucha comodidad durante tanto rato y dijo con un acento fuerte: «¿Recargando las baterías?» Nos reímos asintiendo, sabiendo que no éramos los primeros turistas cansados que tomaban un descanso en su catedral. «No, no» dijo él, y señaló un tomacorriente cerca de nosotros. Después nos dijo que conoció a un hombre y una mujer jóvenes procedentes de Sur América unos meses antes. Ellos entraron a Duomo todos los días durante un mes y se sentaban frente a una estatua de Cristo. El sacerdote creyó que eran como cualquier otro devoto católico que venían a orar.

Ellos venían día tras día, se sentaban durante una hora más o menos y luego se iban. Un día el conserje notó un cordón eléctrico poco común que venía desde el tomacorriente que usaban para iluminar la estatua. Luego de un examen más minucioso, descubrieron que la joven pareja venía a la iglesia a recargar las baterías de su teléfono celular.

Nuestro nuevo amigo conserje nos estaba inspeccionando para ver si nosotros estábamos haciendo lo mismo. «No», dijo Les, «solo estamos recargando nuestras baterías físicas y espirituales».

El conserje se sonrió, unió las puntas de los dedos de ambas manos y con una leve inclinación dijo: «Así deben hacerlo. Muy bien».

Es también bueno, muy bueno, que una pareja recargue sus baterías espirituales. Son muchas las veces que olvidamos que una gran parte de la comunicación marital es hablar en silencio, darle tiempo a nuestras almas para alcanzarse una a la otra simplemente estando presentes y en paz. De seguro esto es lo que el historiador británico y ensayista Thomas Carlyle estaba tratando de hacer cuando dijo: «El silencio es tan profundo como la eternidad; y el hablar es tan superficial como el tiempo».

Hablar, en otras palabras, nos une en el aquí y el ahora, pero «comunicarse» en silencio es un acto de significado eterno. Centra nuestros seres para relajarse en la presencia el uno del otro y contemplar a nuestro Creador. Relaja nuestros espíritus mientras nos une.

¿Cuándo fue la última vez que ustedes dos le permitieron a sus espíritus ponerse al día y simplemente descansar en el silencio de la presencia mutua? ¿No te acuerdas? No eres el único. La mayoría de nosotros no hacemos esto tan a menudo como debiéramos. Quizás fue esto lo que hizo que nuestra tarde en la Catedral de Duomo fuera tan memorable. Pero no es necesario esperar a ir de vacaciones a Europa para entrar a una casa de adoración en silencio y sencillamente sentarse juntos.

Inténtenlo. Solo ustedes dos. Tal vez descubran que es exactamente lo que necesitan para recargar sus baterías.

El silencio es uno de las grandes artes de la conversación.

TOM BLAIR

*Todo tiene su momento oportuno, hay un tiempo
para todo lo que se hace bajo el cielo ... un
tiempo para callar, y un tiempo para hablar.*

ECLESIASTÉS 3:1, 7

¿CUÁL ES EL PROBLEMA?

*El que piense en pulgadas y hable en
yardas merece que lo pateen en los pies.*

AUTOR DESCONOCIDO

Antes del refrigerador la gente usaba casas de hielo para preservar sus comidas. Estos pequeños edificios tenían paredes gruesas, sin ventanas y una puerta que cerraba herméticamente. En el invierno, cuando los arroyos y los lagos estaban congelados, se cortaban grandes bloques de hielo para transportarlos a las casas de hielo y se cubrían con aserrín.

A menudo el hielo duraba hasta bien entrado el verano.

A un hombre se le perdió un reloj de pulsera muy valioso mientras trabajaba en una casa de hielo. Buscó con diligencia, rastreó con cuidado por el aserrín, pero no lo encontró. Sus compañeros de trabajo también lo buscaron pero sus esfuerzos fueron inútiles. Un pequeño niño que escuchó acerca de la búsqueda infructuosa se escurrió en la casa de hielo durante la hora del mediodía y pronto salió con el reloj de pulsera.

Asombrado, los hombres le preguntaron cómo lo había encontrado. «Cerré la puerta», contestó el muchacho, «me acosté en el aserrín y me quedé muy quieto. Pronto escuché la cuerda del reloj».

Ese es un oído que escucha. Muy inteligente, ¿verdad? Cuando se trata de resolver un problema, todos podemos aprender una lección de este muchachito. Después de todo, la mayoría de nosotros, masculinos o femeninos, no invertimos tiempo en escuchar … escuchar de verdad … con cuidado. Claro, escuchamos lo suficiente para saber que hay un problema. Nuestro esposo está exhausto, o siente la presión de un proyecto en el trabajo, o teme una actividad futura. Escuchamos las palabras, nos percatamos del asunto… y, ¿qué?

Oír no es lo mismo que *escuchar*. Cuando nuestro cónyuge nos cuenta un problema, escuchamos las palabras y luego, es muy probable que saltemos para tratar de resolver el problema. (Este es un gran estereotipo del hombre, y lo merecen, pero a menudo las mujeres también se apuran para hacer esto.) Sin embargo, más a menudo de lo que creemos, si fuéramos a escuchar, metiéndonos en silencio en las palabras de nuestro cónyuge antes de tratar de salir con una solución, encontraríamos que el problema se resuelve por sí solo.

«Ay, ay, ay que reunión tan mala tuvimos hoy», es posible que diga Les.

«¿Qué pasó?»

«Cancelaron el proyecto de tutoría en el que he estado trabajando sin siquiera leer la proposición».

«Estás bromeando». Es probable que yo responda. «¿Ni siquiera lo leyeron?»

«Bueno, apenas».

«Necesitas llamar a Mike y decirle que eso no estuvo bien». Dije yo con determinación.

«Tal vez sí».

«No. Te hace falta llamarlo a primera hora mañana y decirle que ellos no te pueden tratar de esta manera».

«Mi amor, te agradezco tu ayuda, pero eso es…»

«Absurdo», interrumpí yo.

Ya tienes la idea. Si yo hubiera tomado un momento para realmente escuchar las palabras de mi esposo, el escenario se vería así:

«Ellos cancelaron el proyecto de mentor en el que yo he estado trabajando sin siquiera leer la propuesta».

«Estás bromeando», diría yo. «¿Ni siquiera lo leyeron?»

«Bueno, apenas. Cada uno de ellos tenía una copia enfrente, y parece que Tim hizo algunas notas en el margen, pero no sé si lo estaba tomando en serio. Lisa me hizo unas preguntas muy buenas. Yo solo pensé que ellos respaldarían esto. Estoy tan desilusionado».

«Me imagino. Trabajaste tanto en ese proyecto».

«Lo sé. Y Mike sabe el tiempo que le dediqué. Posiblemente lo llame mañana para saber lo que piensa de este asunto».

¿Ves lo que decimos? Con un breve tiempo para escuchar, el problema casi se resuelve solo. Pruébalo la próxima vez que tu cónyuge venga con un problema a la casa y pronto verás un creyente.

El que habla, siembra; el que escucha, cosecha.

UN DICHO FRANCÉS

Es necio y vergonzoso responder antes de escuchar.

PROVERBIOS 18:13

TÚ ERES PERFECTO, AHORA CAMBIA

*El verdadero arte de la conversación no es solo decir
lo correcto en el lugar preciso, sino dejar sin decir las
cosas equivocadas en un momento de tentación.*

DOROTHY NEVILL

El título de un espectáculo que se presentó durante mucho tiempo en los teatros adyacentes a Broadway resume la fuente de la mayoría de los problemas maritales: «Te quiero, tú eres perfecto, ahora cambia». Antes de erizarte tanto, haz una pequeña búsqueda del alma. ¿No es cierto? ¿No son esas las mismas características que inicialmente los atrajeron mutuamente (o la conducta que te molestó y que al principio obviaste o no consideraste importante), y ahora son la fuente de la mayoría de sus temas delicados cuando están juntos? ¿No son la causa de repetidas «discusiones» que a veces te vuelven loco? Cuando ustedes estaban saliendo juntos, realmente a ti te gustaba la manera en que él masticaba el hielo sentado a la mesa del comedor. Y tú pensaste que la manera en que ella siempre dejaba suelta la tapa de la botella de ketchup era gracioso, ¿verdad? Tú sabes lo que queremos decir. Esas pequeñas rarezas eran parte de la persona de la cual te estabas enamorando, y tú las consideraste simpáticas. Solo que cuando se convierten en irritantes llegan a la discusión, literalmente hablando. ¿Cuántas veces has comenzado una oración con estas palabras:

«¿Por qué tú no…?»

«¿Por qué no puedes…?»

«¿Por qué no estás…?»

Si solo tu cónyuge pudiera cambiar ese pequeño hábito o rasgo de carácter, las cosas irían mejor, ¿verdad? La verdad es que estos ruegos comunes son más dados a precipitar los argumentos que a promover los cambios. Los intentos de coerción no inspiran la cooperación, y muy raramente las parejas que usan estos métodos logran tener éxito al imponer los cambios deseados.

Entra al escenario de la «terapia de la aceptación». Este es un concepto novedoso que desarrollaron dos sicólogos, el Dr. Christensen y el Dr. Jacobson, que se desilusionaron con la técnica del cambio, no solo los cambios que uno de los cónyuges quiere lograr en el otro, sino también los cambios que querían lograr los consejeros matrimoniales. Verás, el foco principal de la terapia matrimonial tradicional es motivar a ambos cónyuges a cambiar su conducta para que puedan disfrutar más el uno del otro y herirse menos uno al otro. Con mucha frecuencia, estos cambios deliberados no logrann dar por resultado un aprecio pleno del dolor o perspectiva del otro cónyuge y más tarde o más temprano regresará la vieja conducta irritante.

La idea principal detrás de la terapia de aceptación es que aceptar los rasgos y conducta de la otra persona, a menudo lleva a la compasión y cuando los compañeros aprenden a usar la compasión para lidiar el uno con el otro, tienen la tendencia a estar más dispuestos a renunciar al conflicto. Los cónyuges que renuncian a la coerción a cambio de la aceptación, entran en una nueva esfera para relacionarse el uno con el otro. Al final, descubren que con frecuencia no solo se aceptan mutuamente, sino que hasta acogen las irritantes conductas y características el uno del otro.

Parece simple, ¿verdad? Sencillamente acepta los rasgos irritantes de tu cónyuge y verás que llegarás a abrazarlos. ¿Puede esto ser correcto? Bueno, el índice de éxito de la terapia de la aceptación, técnicamente llamada «terapia de parejas integradas», es ochenta por ciento. Funciona. Desde luego, solo funciona si una pareja trata de hacerla funcionar.

Digámoslo directamente: Cuando los cónyuges se sienten presionados a cambiar, tienden a ponerse a la defensiva y retirarse. Pero cuando el cónyuge se siente aceptado y comprendido, es más probable que el cambio sea voluntario, a menudo hasta haciendo más cambios que los requeridos. Y aunque no ocurriera el cambio, la aceptación es todavía más probable que resulte en un acercamiento de la pareja.

¿Desearías probarlo? Tal vez comiences por pensar en un punto débil específico, un tópico que continuamente tú machacas. Una vez que lo identifiques, dite a ti mismo que tú aceptas y amas a tu cónyuge aunque esa conducta nunca cambie. Repítelo hasta que lo creas. Luego repítelo en alta voz a tu cónyuge. Esto requiere valor, lo sabemos, pero pronto sentirás el beneficio terapéutico.

Ya que hemos dicho todo esto, quizás un título más apropiado para un drama acerca del matrimonio verídico sería «Te amo, no eres perfecto, pero no tienes que cambiar». Este título realmente no sería un éxito de Broadway, pero seguramente será un gran éxito en la casa.

Cuando tú amas a alguien, lo amas tal cual es.
CHARLES PÉGUY

El que perdona la ofensa cultiva el amor; el que insiste en la ofensa divide a los amigos.
PROVERBIOS 17:9

HABLA MEDIANTE NÚMEROS

Los hombres y las mujeres solo se ponen de acuerdo en sus conclusiones, sus razones siempre son diferentes.

GEORGE SANTAYANA

¿Alguna vez han tenido un tiempo difícil al tomar juntos una decisión? No estamos hablando de las grandes, como dónde vivir o si cambiar de carrera. Esas se diseñaron para que fueran difíciles. Estamos hablando de las pequeñas decisiones diarias, como qué película ver o si invitar a tus padres a comer el jueves. Algunas parejas pueden ser como el barco proverbial que no sabe en qué puerto anclar. Si tú no tienes direcciones e intenciones claras, ningún viento es favorable.

Esto es particularmente cierto si ambos son personas muy flexibles y fáciles de complacer. Pero aunque uno de ustedes sea más fuerte en el departamento de tomar decisiones, es posible que se atasquen alguna vez. La conversación de ustedes sería algo como esto:

«¿Quieres salir a cenar fuera esta noche?»

«Si tú quieres».

«Yo estoy dispuesto a ir».

«¿A dónde iríamos?»

«A mí no me importa».

«Bueno, tú dirás el lugar y yo voy».

Si tú quisieras salir de este juego verbal de ping-pong que parece interminable y tomar una decisión, procura usar la «ecuación de tomar decisiones» midiendo tus sentimientos acerca de una proposición en particular. No te preocupes, no necesitarás una calculadora. Esta es una estrategia simple que descubrimos de un participante en uno de nuestros seminarios de *Love Talk* [Conversaciones de amor]. Así es cómo funciona.

Primero, formula y presenta la pregunta, comenzando con «¿Cuánto te gustaría …» y termina con una declaración positiva de la acción («… ver una película?» «…invitar a mis padres a cenar el jueves?») Luego haz una pausa durante un momento para decir un número entre el uno y el diez que califique tus sentimientos acerca de la actividad que se está considerando. Cero significa que bajo ninguna circunstancia tú estás deseando hacerlo. Diez significa que definitivamente tú quieres hacerlo. Cinco significa que eres completamente neutral.

Una vez que ambos tengan un número pensado, cuenten en alta voz hasta tres y luego digan los números respectivos al mismo tiempo (o escríbanlo en un pedazo de papel). Si el total de los números es once o un número mayor, entonces realizarán la actividad. Si el total de sus números es diez o menos, entonces no realizarán la actividad. Muy fácil, ¿verdad? Esto evita todo el trabajo de adivinar las decisiones diarias y te saca del empate de la afabilidad, en el cual la conversación tiene la puntuación con «Seguro», «No me importa», «Anjá», o «Está bien».

Con este sistema, no acabarán haciendo cosas que a ninguno de ustedes realmente les interesa, pero tampoco la personalidad más fuerte impondrá sin querer su voluntad sobre el cónyuge más fácil de complacer. Como saben que once es el número límite y como dijeron sus número al mismo tiempo, es posible hacer y expresar una evaluación honesta de lo mucho o poco que quieran hacer algo sin tener la influencia de lo que creas que quiere la otra persona.

Así que la próxima vez que estén tratando de decidir qué hacer y su conversación los esté llevando en un círculo vicioso que no va a ninguna parte, procuren hablar por medio de los números. Pronto verán cuán rápido pueden multiplicar sus esfuerzos.

Cuando tienes que tomar una decisión y no la tomas, eso en sí mismo ya es una decisión.

C.S. LEWIS

El prudente se fija por dónde va.

PROVERBIOS 14:15

HABLAR A OTROS
ACERCA DE NOSOTROS

*La razón por la cual los amantes nunca se cansan el uno del otro
es porque siempre están hablando acerca de ellos mismos.*

LA ROCHEFOUCAULD

¿Sabías que de la manera que hable uno acerca del otro a sus amigos y familiares, e incluso a los extraños, es más importante que lo que realmente se digan mutuamente? Por lo menos eso es lo que informan los investigadores de la Universidad de Washington en Seattle. Un estudio de diez años siguió a noventa y cinco parejas, comenzando a los seis meses de su matrimonio. La entrevista inicial de una hora de duración investigó su relación, la unión de sus padres y su filosofía del matrimonio.

Los investigadores le prestaban menos atención a lo que realmente se decía para observar si ellos expresaban cariño y admiración por sus cónyuges, si hablaban de sí mismos como una unidad, si terminaban las oraciones el uno del otro, si hacían referencias el uno del otro cuando contaban historias y si lo que pensaban era placentero. Resultó que las parejas caracterizadas por estas maneras de hablar acerca el uno del otro y su relación tienen mucho más probabilidades de disfrutar juntos el amor de toda una vida.

De hecho, solo con esta información, los investigadores pueden predecir con un ochenta y siete por ciento de exactitud, si una pareja terminará divorciándose. Piensa en esto. La manera en que hables a otros acerca de tu cónyuge y tu relación es un gran indicador del estado de tu unión.

El autor de un estudio, al entrevistar a varias parejas con solo seis meses de matrimonio, dijo: Las parejas que perdurarán son las que se ven el uno al otro «a través de un cristal color de rosa. Su conducta hacia el otro es positiva». Los que se divorciarán ya se ven uno al otro «a través de espejuelos nublados», parecen cínicos y son incapaces de decir buenas cosas uno acerca del otro.

Considere el siguiente informe que una pareja recientemente nos dio en nuestra oficina de consejería:

«Tina no comprende. Mientras que estoy trabajando muchísimo para cerrar un negocio en el trabajo, ella cree que yo me paso mucho tiempo comiendo y que me paso todo el día hablando por teléfono, y no comprende por qué estoy tan cansado cuando llego a la casa. Mientras tanto, ella está mirando la tele y llevando a los niños al parque y luego se queja de haber tenido un día muy fuerte. Saque usted la cuenta.

«Ron no tiene idea alguna de todo el trabajo que requiere cuidar a dos niños pequeños. Él cree que yo salgo con mis amigas cuando llevo los niños al parque, o que estoy en la casa comiendo bombones cuando realmente estoy lavando o preparando la comida. Creo que él piensa que todo es muy fácil y que yo soy muy haragana. La verdad es que extraño desempeñar mi carrera, pero ambos decidimos que no queríamos poner a nuestros hijos en una guardería. Ron nunca parece recordar esto».

¿Puedes sentir la tensión en esta relación? Es palpable. En situaciones sociales (ya sea en una oficina de consejería o en un restaurante con un amigo), con frecuencia es demasiado fácil distinguir quiénes son las parejas amorosas y quiénes son las que están en guerra. Casi todos hemos estado en una fiesta en la que uno de los componentes de la pareja ha criticado en público al otro. Quizás fue algo como «yo sigo esperando que Juan se levante de su butaca reclinable, apague el televisor y me ayude en el patio como me lo prometió». La mayoría estaría de acuerdo en que es una mala idea usar la cobertura de una audiencia para decir algo que ustedes no se dirían en privado. Las parejas que no pueden contener su crítica en público tienen un serio problema.

Las parejas amorosas, por otra parte, usan cada oportunidad para ensalzarse el uno al otro frente a otras personas y ponerse uno al otro en la mejor luz posible, muy semejante a lo que hicieron durante los días en que eran novios, cuando querían que sus amigos y familiares simpatizaran con su nuevo amor. Ellos dicen cosas así: «Sara tiene un corazón de oro. Todavía me sorprende ver cómo se da a otros». O, «Tim es uno de los hombres más pacientes que he conocido». Las parejas amorosas, esas que perduran hasta el fin, se alaban uno al otro tanto en privado como en público.

Sin respeto, el amor no puede llegar lejos ni subir muy alto: es un ángel con solo un ala.
ALEJANDRO DUMAS

Den a todos el debido respeto
1 PEDRO 2:17

Y AHORA PARA EL RESTO
DE LA HISTORIA

Algunas veces es un gran gozo solo escuchar a alguien que amamos.
VINCENT McNABB

Sé honesto, ¿prefieres hablar o escuchar? En serio, ¿por cuál de los dos sientes más inclinación? ¿Dijiste escuchar? Siempre nos sorprende que algunas personas realmente escojan este. Ah, claro, tú puedes decir que prefieres escuchar, pero piensa un poco más en esta pregunta. Ponlo en contexto. Tú estás volviéndote a conectar con tu cónyuge durante la comida, y todavía no has dicho ni una palabra. Tu cónyuge está hablando en cuanto a trabajar en un informe que está atrasado en el trabajo o si aplazarlo para hacer algunas llamadas telefónicas importantes que están atrasadas. No es la conversación más estimulante en la cual te hayas involucrado. Encima de todo esto, estás ansiosa por contarle lo que te sucedió ese día. Tu jefe te alabó mucho frente a tus compañeros y te sientes entusiasmada con una promoción potencial.

Así que, ¿todavía prefieres escuchar en lugar de hablar? Si eres como la mayoría de las personas, honestamente tienes que decir que prefieres hablar en lugar de escuchar. Tal vez estés diciendo que eres un oyente natural, que se te hace fácil. Magnífico. Pero no olvides que escuchar es más que solo oír lo que tu compañero tiene que decir. Escuchar verdaderamente significa extraer información de tu compañero. Es un juego de paciencia y estrategia.

Así es. Un buen oyente tiene una estrategia para hacer que su compañero sea sincero y revele más información. No es un asunto de escuchar las palabras, expresar tu comprensión y tachar esa información en tu lista de los quehaceres. Los verdaderos oyentes persisten en un tópico. Es entonces cuando tu compañero se siente más conectado, más comprendido y más agradecido de tu oído que escucha.

¿Cuál es la estrategia para hacer que tu compañero se franquee? Es más fácil de lo que crees. Se resume en lo que nosotros llamamos las tres palabras mágicas de escuchar: «¿Hay algo más?» Eso es todo. Para la mayoría de las personas, escuchar es mucho más desafiante que hablar. Es por eso que esta preguntita es tan poderosa, tan útil. No hacer nada más que estar atento a lo que está diciendo tu compañero y usar estas tres palabras mágicas, te hará un oyente estrella. ¡Inténtalo!

La próxima vez que tu compañero esté hablando acerca de un asunto del trabajo o por ejemplo de una conversación telefónica con la tía Sally, y él o ella parezca llegar a un final natural, pregunta: «¿Hay algo más?» Más a menudo de lo que imaginas te asombrarás al descubrir que sí hay algo más. «A propósito», continúa la conversación, «Sally también dijo que está preocupada por mi mamá».

Esas tres palabras mágicas abren la puerta a más información. Sirven como una invitación para que tu compañero lo revele todo, desde lo más común hasta lo más sincero. Con estas tres palabras tú estás expresando ansias de escuchar. Estás expresando un deseo de oír. De inmediato te inspiran paciencia y revelan que tú estás dispuesto a emplear tiempo para cualquier cosa que tu compañero tenga pensado. ¡Qué don!

Si alguna vez escuchaste a Paul Harvey por radio, tú le oíste declarar su famosa línea: «Y ahora para el resto de la historia». La primera vez que él pronunció esta oración fue el 10 de mayo de 1976 y se pegó. Resultó que a la gente le encantó el resto de la historia. Entonces el Sr. Harvey rebuscó en los hechos olvidados o pocos conocidos detrás de la historia de personas y sucesos famosos. Fue esta información lo que lo hizo el hombre más escuchado en la radio.

De la misma manera, las tres palabras mágicas de escuchar te proveerán «el resto de la historia» de tu compañero. Ellas no solo te convertirán en un oyente estelar, sino que es posible que descubras que te introducen a la parte más importante de la conversación.

Benditos son aquellos que escuchan, porque ellos aprenderán

AUTOR DESCONOCIDO

*Todos deben estar listos para escuchar,
y ser lentos para hablar y para enojarse*

SANTIAGO 1:19

Una conversación más amable y gentil

El matrimonio de las mentes será mayor que el de los cuerpos.

DESIDERIUS ERASMUS

Tal vez parezca algo que proviene directamente de un show malo de la televisión; quizás *The Newlywed Game* [El juego de los recién casados] se encuentra con *The Jerry Springer Show* [El show de Jerry Springer]. Pero los investigadores en la Universidad del estado de Ohio están colocando parejas casadas voluntarias en un cuarto de hospital para dos sesiones de veinticuatro horas, infligiendo pequeñas heridas y luego animando a las parejas a hablar acerca de cualquier cosa desde sus suegros hasta sus vidas sexuales.

¿No es precisamente lo que tendrías en mente para una cita divertida? Lo comprendemos. Pero todo está hecho en el nombre de la ciencia seria, no divertida. El experimento y la investigación relacionada se están tomando con tanta seriedad que el Instituto Nacional de Salud recientemente otorgó un total de dieciocho millones de dólares a los estudios del Instituto para la Investigación Médica de la Conducta en la universidad estatal de Ohio

Primero que nada, vamos a describir las pequeñas

heridas que se dieron al inicio de cada sesión. Son ampollas administradas en el brazo con un pequeño aparato de succión llamado «una cámara». «Parece algo terrible, lo sé», dijo uno de los investigadores, «pero no es así. Es como si alguien le pinchara el brazo con mucha delicadeza». Cada uno de los investigadores realmente lo ha hecho varias veces.

¿Cuál es el propósito de infligir heridas físicas intencionales? El ejercicio pertenece a uno de una serie de estudios en la universidad que le está dando un vistazo a cómo las emociones afectan la curación, para bien o para mal. Y los resultados tal vez ayuden a cambiar cómo se trata a los pacientes de cirugía, sin dejar de mencionar cómo tú y tu compañero se hablan el uno al otro.

¿Por qué una pareja se somete a una herida física y discusiones intencionales? ¿Y le pagan $1800 para comenzar? La meta no es provocar veinticuatro horas de falta de armonía. A las parejas, que para participar deben considerarse felizmente casadas, se les pide que discutan un asunto polémico (identificado en entrevistas anteriores) solamente durante media hora durante la segunda sesión.

Durante la primera sesión, en lugar de discutir, a las parejas se les pide hablar acerca de aspectos más neutrales de su relación, como por ejemplo cómo se conocieron (aunque esto, también, los puede llevar al conflicto). Durante las próximas veinticuatro horas, los investigadores sacan muestras de fluido para investigar los niveles de hormonas como el cortisol, el cual indica tensión, al igual que agentes de sanidad como los leucocitos.

Más tarde, ellos relacionan sus descubrimientos viendo un vídeo de toda la sesión para ver dónde estaban los puntos de tensión.

La pareja detrás de este estudio, la Dra. Janice Kiecolt-Glaser, siquiatra, y su esposo el Dr. Ronald Glaser, inmunólogo, están en el área creciente de la siconeuro-inmunología. Esta disciplina explora asuntos de la mente-cuerpo y su relación con la salud. Ya han descubierto fuertes evidencias de que la tensión puede hacer más difícil recuperarse de una enfermedad, como también más susceptibles para enfermarse en primer lugar.

Si estás buscando evidencias convincentes de que lo que se dicen el uno al otro tiene un efecto poderoso, no busques más. Tu conversación literalmente cambia la química de tu cuerpo, para bien o para mal. Así que aprende esta lección de la ciencia, y considera cómo tus discusiones no solo pueden hacer daño a tu espíritu sino también a tu cuerpo. «Un corazón ansioso es una carga para el hombre», dice un antiguo proverbio, «pero una palabra amable lo alegra» (Proverbios 12:25). ¡Esto es tan cierto!

Hazte el propósito de tener conversaciones amables cuando el conflicto te pegue. Esfuércense lo mejor que puedan para evitar herirse el uno al otro con palabras, y nunca dejen de estimar la importancia y el poder de lo que dicen.

Trátalas con cuidado, porque las palabras tienen
más poder que las bombas atómicas.

PEARL STRACHAN

Más se atiende a las palabras tranquilas de los
sabios que a los gritos del jefe de los necios.

ECLESIASTÉS 9:17

Mi amor, ¡llegué!

El matrimonio es como las vitaminas: Nos complementamos mutuamente los mínimos requisitos diarios.

KATHY MOHNKE

¿Cómo se saludan uno al otro al final del día? De acuerdo a las investigaciones, el perro podría hacer algo mejor que tú cuando saludas a tu cónyuge al regresar a la casa. El perro de la familia es leal, entusiasta y se enfoca por completo en el ritual del saludo. Tristemente, este no es el caso para la mayoría de los seres humanos. Si tú eres como esa mayoría, tus palabras de apertura a tu cónyuge quizás sean preguntarte si dejaste abierta la puerta del garaje o si te acordaste de pagar las cuentas.

¿Te sientes culpable? ¿Se parece esto a tu hogar? Tú no eres el único. Somos pocos los que consideramos lo que William Doherty, director del programa de terapia para el matrimonio y la familia en la Universidad de Minnesota en St. Paul, llama «ritual de las parejas», como un saludo amoroso. Pero debe decirse la verdad, estos rituales ayudan a mantener una fuerte relación entre las parejas y «son la goma de pegar que necesitamos para ayudarnos a permanecer unidos en tiempos de tensiones y en momentos de desespero», dijo Doherty.

La ausencia de estos rituales íntimos pueden indicar que un matrimonio está a la deriva y usando el piloto automático. Y cuando ese es el caso, es tiempo de volver a relacionarse por completo prestando atención a sus pequeños rituales.

Doherty, autor de *The Intentional Family: Simple Rituals to Strengthen Family Ties* [La familia intencional: Rituales simples para fortalecer los lazos familiares], define los rituales maritales como «interacciones sociales que se repiten, coordinan y tienen un significado emocional positivo». Son momentos programados, que se deciden mutuamente. «Ambos deben saber que este es un tiempo de relación».

Uno de sus favoritos personales es una conversación ritual que se lleva a cabo durante el café después de la cena. «Tú le dices a los niños que se vayan a jugar y los dejen solos. Esta es una clara señal de que estás haciendo la transición al tiempo de la pareja». Entonces hablan acerca de los asuntos personales, cosas de la pareja. No es para comentar qué harán para que los niños lleguen al próximo juego de fútbol. No traten de resolver los problemas de la familia. Procuren dejar fuera de la conversación cualquier conflicto que pueda existir. Después de aproximadamente quince minutos, quita de la mesa las tazas de café, la «señal de salida» para el ritual, y de nuevo los niños son bienvenidos en el grupo.

Personalmente Doherty favorece el tiempo de la pareja en la jacuzzi de agua caliente en el patio. «Nos sentamos allí y miramos las estrellas». El invierno de Minnesota a veces nos cohíbe hacer esto algunas noches, pero no salir es una decisión que tomamos juntos.

Muchas parejas son buenas para establecer los rituales familiares. Por ejemplo, hace catorce años que la familia Doherty se reúne una vez a la semana para comer pizza en el mismo lugar. Pero según dice Doherty, las parejas tienen la tendencia de ser negligentes con los rituales que los unen como parejas, no solo como una parte de la familia.

¿Tienen ustedes un ritual de un tiempo para hablar? Tal vez estés pensando que tú nunca podrás apartar quince minutos para hablar juntos. Dice Doherty que tener programado quince minutos diarios para juntos tener conversaciones personales como parejas «es un logro extraordinario» en la sociedad actual que vive tan ocupada.

Pero tú lo puedes hacer. Todo es asunto de proponerse mantener el ritual. Tú tienes que hacerlo un hábito. Dice Doherty: «Los rituales del matrimonio siempre tienen la amenaza de la erosión».

Nosotros tenemos un ritual semanal que apreciamos. Caminamos alrededor del Lago Green, localizado a solo unos minutos de la casa. Algunas de nuestras mejores conversaciones se han realizado durante estas caminatas. También tenemos un ritual nocturno, dar un informe de nuestro día precisamente antes de dormirnos. Tal vez nuestros rituales a ti te parezcan una rutina aburrida. Empleamos tiempo como pareja haciendo mandados juntos el sábado por la mañana. Esto podría ser más eficiente si hiciéramos los mandados por separado, pero ese no es el punto. Los rituales del matrimonio no es una cuestión de tratar de ser eficientes; es cuestión de estar juntos. Solo ustedes dos.

Así que, ¿cuáles son tus rituales? ¿Has pensado en esto seriamente? Si no, tal vez quieras comenzar con cómo ustedes se relacionan al final de un día de trabajo. No permitas que el perro de la familia sustituya lo que podría hacer uno de los mejores puntos de relación de ustedes.

No hay una relación, comunión o compañía más amorosa, amistosa y cariñosa que un buen matrimonio.
MARTÍN LUTERO

Salúdense los unos a los otros con un beso de amor.
1 PEDRO 5:14

Vamos, hazme reír

El día más mal empleado de todos es uno que pases sin reírte.

E.E. Cummings

Un hombre le dijo a su amigo:

—Acabo de tener otro pleito con mi esposa.

—¿De veras? —dijo el amigo—. ¿Y cómo terminó este?

—Cuando se acabó —replicó él— ¡ella se me acercó sobre sus rodillas y manos!

El amigo lo miró confundido.

—¿De veras? ¡Esto es un cambio! ¿Qué dijo ella?

—Creo que ella dijo algo así "Sal de abajo de esa cama, zorro cobarde".

Antes de que tu conflicto llegue a ese punto, considera resolver tu problema creativamente. A menudo, la manera novedosa y a veces cómica, es la más eficiente.

Hace algunos años escuchamos por radio la historia acerca de una iglesia bautista que tuvo problemas con los metodistas de la otra calle. Algunos bautistas no podían encontrar un espacio para estacionar sus autos en el parqueo de la iglesia porque los miembros de la cercana iglesia metodista se reunían más temprano que los bautistas y se estacionaban en este mismo parqueo.

Los bautistas podrían haber llamado para que se llevaran los autos de los metodistas, podrían tener a unos patrulleros vigilando los estacionamientos el domingo por la mañana y hasta podrían haber escrito unas cartas a los miembros de la iglesia ofendida implorando que se estacionaran en algún otro lugar. Pero por fin decidieron probar algo más creativo. Un domingo por la mañana, le pusieron pegatinas de parachoques a todos los autos que estaban en el parqueo, tanto bautistas como metodistas. Las pegatinas decían: «¡Estoy orgulloso de ser bautista!» Esto le puso punto final al problema.

No todos los problemas se pueden resolver de una manera humorística, pero la risa siempre es una buena medicina para una pareja. ¿Por qué? Porque el humor nos ayuda a lidiar con las cosas. Martin Grotjah, sicoanalista, autor de *Beyond Laughter* [Más allá de la risa] señala que «tener sentido del humor es tener una comprensión del sufrimiento humano». Es difícil exagerar el valor de la risa como un mecanismo que acople con días de tensiones. Seamos honestos, todos los matrimonios tienen sus dificultades: La libreta de cheques no cuadró, los niños no se portan bien, los horarios ocupados chocan, tú ni siquiera recuerdas cuándo tuviste la última cita nocturna y mucho menos tus última vacaciones. Para estos momentos, y docenas de otros, el humor es lo mejor.

Apréndalo de los profesionales. Bob Hope, el comediante legendario, dijo que la risa es «vacaciones instantáneas». Jay Leno dice: «Tú no puedes quedarte bravo con alguien que te hace reír». Y el gran Bill Cosby dice: «Si puedes encontrar humor en algo, puedes sobrevivir». Los investigadores están de acuerdo. Los estudios revelan que los individuos que tienen un fuerte sentido del humor son menos dados al agotamiento y a experimentar la depresión, y son más dados a disfrutar la vida en general, incluyendo sus matrimonios.

Como revelamos en nuestro libro *Love Talk,* Les es alguien que soluciona agresivamente los problemas, mientras que yo soy más pasiva. Él quiere que los problemas se resuelvan de inmediato y él buscará una manera directa para encontrar la solución, no importa quién o qué esté de por medio. Yo me siento más cómoda con algo sin acabar de solucionar. Esto obviamente puede crear algunas tensiones en nuestra relación.

Bueno, está bien, puede crear *muchas* tensiones en nuestra relación. Pero después de dos décadas de matrimonio, los dos hemos aprendido el valor del humor en estos momentos tensos. Cuando podemos reírnos de nosotros mismos, la tensión comienza a desvanecerse. ¿Alguna vez ha fallado? Desde luego que sí. Más de una vez, uno de nosotros ha procurado colar algo cómico en la situación cuando el otro no estaba listo para reírse, pero el riesgo de un mal paso casi siempre vale la pena.

La próxima vez que ustedes dos estén parados cara a cara y pie con pie procurando resolver un problema, intenten reírse un poco. Tal vez esto sea la clave para ayudarlos a ponerse de acuerdo.

¿Qué vas a perder … excepto tu úlcera?

Una buena risa es un rayo de luz en una casa.
WILLIAM MAKEPEACE THACKERAY

Gran remedio es el corazón alegre.
PROVERBIOS 17:22

EL DINERO HABLA
Y NOSOTROS TAMBIÉN

No importa cuán similares o diferentes sean tus perspectivas financieras, rara vez es fácil hablar con tu cónyuge de dinero.

RON BLUE

Cuando se trata de dinero, Mike es un acaparador. Muy pobre de niño y abandonado a los nueve años por padres que trabajaban como recogedores itinerantes de frutas, él recuerda esconder el dinero y las herramientas. De adulto odia gastar dinero y lo que más felicidad le proporciona es depositar un cheque en el banco. «Por dentro me siento cálido y como un osito de peluche si puedo dejar el dinero tranquilo allí en el banco sin tocarlo», dijo él. «Esto me hace sentir seguro».

Por otra parte, Janice, su esposa, es una gastadora. Ella se crió en «una familia estable, un poco más pudiente que una familia promedio» y con un padre generoso que aunque controlaba rigurosamente los gastos de la familia, le proveyó todo lo que necesitaba. A ella le gustan las gangas, pero no le resulta «problemático gastar dinero. Me gusta divertirme, disfrutar la vida», dice Janice.

Durante dieciocho años de matrimonio, esta pareja tan opuesta se ha descubierto encerrada en una batalla mayormente silente en cuanto a las finanzas. Cuando Janice compró varios pares de zapatos italianos de piel en una venta especial a un precio de $19.99 (dólares) cada uno, ella los escondió detrás de un congelador y sacaba cada par cada dos o tres meses. «Mike decía: "¿son nuevos esos zapatos?" Yo le contestaba: "Ah, ya hace un tiempo que los tengo". Agregó: "Evitaba la confrontación, ,mentía y hacía uso de artimañas».

Mientras tanto, Mike vivía con el temor de que su esposa gastaba dinero sin decírselo a él. «Sentía agonía e ira, hasta por un par de zapatos nuevos», dice él. «Cerraba mi boca, no decía mucho. Pero por dentro estaba angustiado».

Sin embargo, hace cuatro años terminaron sus confrontaciones cuando la pareja comenzó la consejería. Fue allí que comenzaron a hablar acerca del dinero, exploraron las raíces de sus actitudes y diseñaron un presupuesto y hasta llegaron a discutir acerca de sus finanzas.

Dinero y matrimonio. Esto puede ser una combinación de combustible, especialmente cuando las parejas no hablan acerca de esto. Si están tratando de salir de las deudas, gastar y dar, ahorrar e invertir, o planear para el retiro, el tema del dinero para muchas parejas puede ser un polvorín a punto de explotar.

Entonces, ¿qué debe hacer la pareja? La mayoría de los expertos están de acuerdo en que las parejas necesitan establecer un momento de rutina para hablar sobre sus asuntos monetarios. Por ejemplo, puede ser al fin de cada mes. La pareja necesita sentarse con sus libretas del banco y los estados de cuenta de sus tarjetas de crédito y evaluar la situación. «Como un equipo, ¿qué vamos hacer con nuestro dinero este mes?» es la gran pregunta.

Ahora casi podemos escuchar a algunos de ustedes decir: «Ah, pero no tenemos que hablar acerca de las finanzas porque uno de nosotros maneja eso». Está bien, así que uno de ustedes es el administrador del dinero que paga las cuentas y cuadra los libros. ¡Qué bueno! Pero todavía ustedes necesitan un tiempo para hablar, aunque sea brevemente, acerca de sus finanzas.

Leslie se describe a sí misma como un «monje del dinero». A ella ni siquiera le gusta admitir que esto existe. En efecto, ella ni siquiera lleva en su cartera un monedero. Desde luego, eso me vuelve loco. Yo estoy más enfocado en el dinero que Leslie. Así que en nuestra relación, yo administro la mayor parte de los asuntos de dinero. Pero eso no saca a Leslie del asunto. A pesar de eso, tenemos nuestras reuniones mensuales para revisar a

dónde fue nuestro dinero y qué nos gustaría hacer diferente en el próximo ciclo de treinta días. Este es un punto de relación que nos asegura que estamos de acuerdo. Esta discusión realmente no es lo más destacado de nuestras conversaciones mensuales, pero se ha convertido en una conversación con la que ambos ahora nos sentimos muy cómodos, y ha resuelto muchos problemas financieros incluso antes de que surjan.

¿Y ustedes qué? ¿Están hablando juntos del dinero, o solamente discutiendo acerca del mismo? No necesitan una disputa fiscal. Ya sean ustedes gastadores o ahorrativos o una combinación de ambos, no pueden abandonar este tema de conversación. Así que, ahora mismo, decidan en qué hora del día ambos se pueden sentar a una mesa con la información y las preguntas acerca de las finanzas. Hablen sinceramente sobre sus hábitos de gastos y los balances de las tarjetas de crédito. Esconderse de estos y el uno del otro, con rapidez perjudicará la comunicación en otras áreas de su relación. Procuren entender las bases históricas de sus actitudes, temores y ansiedades acerca del dinero. Pero dejen fuera de este campo vivir a la defensiva insultándose. Este es simplemente un momento para hablar acerca de dónde están con su dinero y en dónde les gustaría estar.

Otra obligación de los esposos y las esposas es ser de ayuda el uno al otro en sus negocios y bienes terrenales.
RICHARD BAXTER

Con sabiduría se construye la casa; con inteligencia se echan los cimientos.
PROVERBIOS 24:3

LA ORACIÓN DEL MATRIMONIO

Dios, cuyo amor tan grande y eterno
es el único cielo azul de nuestra vida,
Aclara toda la bóveda del cielo
del camino de la vida de esta pareja.

Haz que estas dos vidas sean una sola nota
en el sonido extraño de la armonía del mundo,
Cuya música sagrada siempre flota
Hacia ti en cada acorde descompuesto.

Como cuando de estrellas separadas dos rayos
se unen para formar un solo rayo tierno:
Como cuando dos dulces pero sombríos sueños
Se explican el uno lo del otro en el tiempo.

Así pedimos que una luz estos corazones
emitan y se interpreten mutuamente.
Que un ángel venga y more esta noche
en este querido corazón doble y le enseñe.

S I D N E Y   L A N I E R

¿QUÉ DIJISTE?

Como el sol derrite el hielo, así también la bondad hace evaporar los malos entendidos, la desconfianza y la hostilidad.

ALBERT SCHWITZER

Durante un ejercicio militar importante, otro miembro de las Fuerzas Aéreas y yo estábamos trabajando en una camioneta radar bajo un ataque simulado», dijo la Sargento Lynda C. Lovell. «Teníamos órdenes estrictas de no abrir la puerta sin recibir el código secreto, el cual nos entregaron durante una sesión informativa». Más tarde en el día, Lovell y su colega escucharon tocar a la puerta. Recordaron sus órdenes y ella gritó: «Fort», y esperó la respuesta correcta, «Knox». Esta nunca llegó. Varios minutos más tarde, volvieron a escuchar más toques a la puerta, pero tampoco recibieron la respuesta correcta. A través del curso de la tarde, varios otros vinieron a la puerta y tocaron, pero nadie respondió con el código correcto. Dijo Lovell: «Estábamos orgullosas de no haber caído en la broma de abrirle la puerta al enemigo, cuando más tarde recibimos una llamada telefónica de un oficial superior que estaba furioso y nos dijo que abriéramos la puerta de inmediato». Después que ella explicó que simplemente estábamos cumpliendo las órdenes, él le informó a Lovell que el código no era decir las palabras «Fort Knox» sino dar «Four knocks» [cuatro toques a la puerta].

Esto le puede suceder al mejor de nosotros, y con frecuencia es así. La mala comunicación es parte de cada relación que se extiende con el tiempo. La prueba verdadera de nuestra conversación no es si nos comunicamos mal, sino cómo respondemos a la mala comunicación cuando esta sucede.

La semana pasada, nuestra secadora se rompió y yo le dije a Les que esto nos iba a costar casi cien dólares solo para que alguien viniera y diagnosticara el problema.

—No hagas esto hasta que hables con George —dijo él refiriéndose a nuestro amigo que hace los arreglos—. Quizás George tenga una idea mejor.

Yo llamé a George, pero él estaba de vacaciones.

Tres días más tarde, Les me gritó desde las escaleras:

—¿Dónde está mi ropa limpia?

—¿Te acuerdas que la secadora está rota?

—Yo pensé que la ibas a mandar a reparar —contestó él.

—Tú me dijiste que primero hablara con George. No pude hacerlo porque él no está en la ciudad.

—Esto solo fue una idea. Necesitamos arreglar la secadora más de lo que necesitamos las ideas de George.

Está bien, esta mala comunicación no se acerca a una tan intrigante como un código secreto. Pero es más común, ¿no estás de acuerdo con esto? Todos nosotros decimos cosas se exagera, se malinterpretan o n se comprenden bien. Y todos escuchamos cosas que sacamos fuera del contexto, lo atribuimos mal o lo malinterpretamos. Ten una conversación con alguien durante un tiempo suficiente y esto será inevitable.

Es por eso que la sabiduría de Albert Schwitzer—humanitario, teólogo, misionero y médico— es tan apropiada. Cuando surge una mala interpretación, la podemos derretir con una dosis saludable de bondad.

«¡No puedo creer que tú nunca mandaras a arreglar la secadora! Qué estabas pensando, o tal vez no estabas pensando nada».

Esta es una manera de responder a una mala comunicación. Por suerte, Les tomó otra alternativa con respecto a la situación de la secadora rota.

—Está bien, si es posible, vamos a llamar a un reparador que venga hoy mismo. No quise decir que tú esperaras si era imposible comunicarse con George, pero veo cómo tú lo interpretaste de esta manera. Lo siento.

Esta no es una mala manera de manejar una mala interpretación. Cuando las parejas se descarrilan la bondad es la manera más rápida de regresar a la conversación.

*No estamos influenciados por los «hechos», sino
por nuestra interpretación de los hechos.*

ALFRED ADLER

El amor es paciente, es bondadoso.

1 CORINTIOS 13:4

REALMENTE NO DIJE
TODO LO QUE DIJE

Cuando llegues a una bifurcación en la carretera, tómala.

YOGI BERRA

Yogi Berra, un receptor del Hall de la Fama y ex gerente del equipo New York Yankees, es el campeón de la conversación desordenada. A él lo han citado los íconos de los medios de comunicación al igual que presidentes, sencillamente por su único don de virar una frase completamente al revés. Sus palabras son claras, pero tú sientes el deseo de preguntar: «*¿Qué?*»

Un día de mucho calor en St. Petersburg, Florida, durante un entrenamiento de primavera, una observadora le dijo a Yogi: «Buenas tardes, Sr. Berra. Hoy luce muy fresco hoy».

Yogi contestó: «Gracias, señora. Usted tampoco parece tener mucho calor».

En otra ocasión, cuando le preguntaron qué hora era, Yogi preguntó: «¿Quieres decir ahora? Los «Yogismos» de Yogi ahora son legendarios: «Perdimos porque cometimos demasiados errores equivocados».

«Si no lo puedes imitar, no lo copies». «Una moneda de cinco centavos ya no vale como una moneda de diez centavos».

«¿Para qué comprar buenas maletas? Tú solo las usas cuando viajas».

«Apareció de nuevo otra vez».

«El futuro no es lo que solía ser».

«El juego de pelota es noventa por ciento mental. La otra mitad es físico».

«Era imposible mantener una conversación, todos estaban hablando demasiado».

Y luego está esta antología: «Tienes que tener cuidado si no sabes a dónde vas, porque es posible que no llegues allí».

En este tiene razón. Es posible que no llegues a ninguna parte si tu conversación no tiene un destino que se pueda identificar. Desde luego, tergiversar y dar vueltas, son parte del molino cotidiano de la conversación matrimonial. Decimos cosas que no siempre tienen sentido. Decimos cosas que realmente no creemos que las dijimos. Disparamos sin apuntar. Tenemos *lapsus linguae*. No siempre somos lógicos. Tal vez nuestras meteduras de pata no se recuerden tanto como las de Yogi, pero todos las hemos dado.

Esta semana, precisamente, Leslie me preguntó si Jackson, nuestro hijo pequeño, había tenido una siesta en el sofá o si se quedó dormido. *¿Qué?* Todos nos equivocamos. Leslie nunca me deja olvidar la vez que yo dije: «Me voy a comer un pedazo grande de pastel en lugar de dos pequeños porque no tengo tanta hambre». Si hace tiempo que estás al lado de alguien, es inevitable que pares los oídos y digas con una gran sonrisa: «*¿Qué?*»

Este es el momento de considerar el consejo de Yogi: «Cuando llegues a una bifurcación en la carretera, tómala». En otras palabras, sigue adelante con cualquier palabra enredada que salga de tu boca. Recuerda a dónde te diriges: estar conectados. Ese es el punto de tu conversación amorosa, estar acorde, en el mismo tema. No importa qué lado de la bifurcación tomes, con tal de que permanezcan unidos. Solo los dos juntos. Recuerda esto para cada conversación que tengan. De lo contrario, se distraerán con los errores inevitables. Desde luego, para algunas parejas, ese casi es el punto.

A nuestros amigos Kevin y Kathy les encanta señalarse el uno al otro los errores verbales. Es un juego amistoso de mente rápida que los hace reír juntos todo el tiempo. Esa es la idea.

A propósito, Yogi también era un hablador detrás del plato cuando era receptor. Acostumbraba hablar con los bateadores del otro equipo con el propósito de distraerlos. Hank Aaron cuenta la historia acerca de la Serie Mundial de 1958 con Yogi detrás del plato. Yogi seguía diciéndole a Aaron «pégale con la etiqueta del bate para arriba». Por fin Aaron se volvió y le dijo: «Yogi, yo vine aquí a batear, no a leer».

Bueno … la próxima vez que te distraigas con una conversación problemática (como cuando la cantante Jessica Simpson le preguntó al esposo en la televisión nacional si *Chicken of the Sea Tuna* [una marca muy conocida de atún en lata que traducida significa: Atún, Pollo del mar], era pollo o atún) no te olvides de estos consejos de Yogi y sigue la bifurcación proverbial de la carretera. Tu metedura de pata verbal es solo otra relación conversacional entre ustedes dos.

Para parafrasear a Yogi: «Gracias por hacer necesaria esta conversación».

Yo sé que tú crees que entiendes lo que creíste que yo dije, pero no estoy seguro de que reconozcas que lo que oíste no es lo que yo quise decir.

Autor desconocido

Pacientes, tolerantes unos con otros en amor.

Efesios 4:2

LISTO O NO

No puede haber una crisis la próxima semana. Mi horario ya está lleno.

HENRY KISSINGER

Cecil B. DeMille, uno de los mejores productores y directores de películas de siempre, estaba haciendo una de sus grandes películas épicas. Tenía seis cámaras estacionadas en varios lugares para tomar la acción general y otras cinco cámaras preparadas para filmar el desarrollo del guión que involucraba a los personajes principales. Una gran cantidad de actores había comenzado a ensayar sus escenas a las seis de la mañana. Lo habían repetido cuatro veces, y por fin ya era tarde, casi de noche. El sol se estaba poniendo y apenas había suficiente luz para lograr las tomas. DeMille dio un vistazo al panorama, vio que todo estaba bien, y dio la orden para la acción.

Cien caracteres extras simulaban un ataque mientras subían una loma, al mismo tiempo que otros cien bajaban corriendo la misma loma para involucrarse en una batalla.

Por otro lugar, los centuriones romanos daban latigazos y gritaban a doscientos esclavos que estaban trabajando para mover un enorme monumento de piedra a su última morada.

Mientras tanto, los personajes principales representaban, en tomas de close-up, sus reacciones a la batalla en la loma. Sus palabras se apagaban con los ruidos que los rodeaban, pero el diálogo se doblaría posteriormente.

Demoró quince minutos completar la escena. Después de terminar, DeMille gritó: «¡Corten!» y se volvió hacia su ayudante, con una gran sonrisa. «¡Fue magnífico!», dijo él.

«Es cierto, C.B.», gritó el ayudante como respuesta. «¡Fue fantástico! ¡Todo salió perfectamente!»

Enormemente complacido, DeMille se volvió para ver a los camarógrafos y saber si todas las cámaras habían recogido lo que se les había asignado que filmaran. Le hizo señas con la mano al supervisor de los camarógrafos.

Desde la cima de la loma, el camarógrafo supervisor devolvió la señal, levantó su megáfono y le contestó: «¡Listo cuando ustedes lo estén, C.B.!

Me pregunto durante cuánto tiempo ese camarógrafo mantuvo el trabajo. Uno se puede imaginar la frustración que el gran filmador experimentó en ese momento. Pero para decir la verdad, todos conocemos la sensación de no sincronizarse en nuestra comunicación como pareja. Y la mayoría de las veces, tiene que ver con que uno de nosotros está listo para hablar cuando el otro no lo está.

—Oye, he querido contarte acerca de la situación de mi mamá y el horario complicado de vuelos que ella tendrá para llegar aquí —le dijo Linda a Ron, su esposo.

Él levantó la vista de unos papeles que tenía en su escritorio y murmuró algo que no se entendió.

Sin duda alguna, Linda continuó:

—Al parecer, el agente la ha hecho ir a tres ciudades, y esta es una mujer que apenas puede manejar hasta la farmacia de su pueblo. Realmente me preocupa.

—Ah, oh —murmura Ron.

—Entonces, ¿qué crees que debemos hacer?

—¿Acerca de qué?

—Acerca de mi mamá, ¿no has estado oyendo?

¿Necesitaba Linda hacer esta pregunta? Claro que Ron no la escuchó. ¿La pista?

Primero, él estaba trabajando en algo en su escritorio. Segundo, apenas la miró a los ojos. Y tercero, no dio señal verbal alguna de que estuviera sintonizado con ella. Sencilla y llanamente, Ron no estaba listo para hablar. Entonces, ¿qué debe hacer Linda o cualquiera en su situación? Decir algo así:

—Ron, siento interrumpirte, pero tengo que hablar contigo acerca de algo importante.

¿Puede ser ahora?

Eso es todo. De esta forma Ron puede decir está bien o no. Pero si él decide posponer la conversación, sugerimos una regla: Él necesita decirle a Linda cuándo estará listo para hablar. Tal vez sea en cinco minutos, después que termine de leer su correspondencia. Puede ser dentro de media hora o en una hora. El asunto es que cuando uno de la pareja pospone una conversación, él o ella le debe decir al otro cuándo será un momento propicio para hablar. Esta regla sencilla les evitará a ambos una gran frustración.

No solo presta atención para escuchar, sino ten una buena retentiva después de escuchar.

THOMAS WATSON

Esto es lo que pido en oración: que el amor de ustedes abunde cada vez más en conocimiento y en buen juicio.

FILIPENSES 1:9

RENUNCIEMOS
AL JUEGO DE LA CULPA

Elévame y yo te elevaré y así ascenderemos juntos.

PROVERBIO CUÁQUERO

Un hombre tenía dificultades para comunicarse con su esposa, y llegó a la conclusión de que a ella se le estaba haciendo difícil oír. Así que decidió llevar a cabo una prueba sin que ella lo supiera.

Una tarde él se sentó en una silla en la parte más lejos de la habitación. Su esposa estaba de espaldas a él. Muy calladamente él murmuró: «¿Me puedes oír?» No hubo respuesta.

Se acercó un poco y volvió a preguntar: «¿Me puedes oír ahora?» No recibió respuesta.

Se acercó un poco más y volvió a preguntar: «¿Me puedes oír ahora?» Todavía no recibía respuesta.

Muy calladamente se movió más cerca y murmuró las mismas palabras, pero seguía sin recibir respuesta.

Por fin, se puso directamente detrás de la silla de ella y dijo: «¿Me puedes oír ahora?» Para su sorpresa y desilusión, ella respondió con una voz irritada: «¡Esta es la cuarta vez que te digo que sí!»

¿Alguna vez se le han virado las cosas así? No es

poco común que pensemos que las dificultades de la comunicación que estamos experimentando como pareja son principalmente la culpa de nuestro cónyuge.

Como consejeros matrimoniales, a menudo vemos parejas echándose la culpa para evitar que les caiga encima. Como tiradores del viejo oeste, sacan los dedos para apuntar y señalan al otro sus fallos y debilidades. Dicen cosas como esta: «Si alguna vez estuvieras interesado en tener una conversación, tal vez a mí me interesaría tener relaciones sexuales».

Todo consejero competente sabe que no importa cuál sea el problema matrimonial, el sistema que lo sostiene se encuentra en las dos personas. Como una figura en movimiento que cuelga del techo, un cambio a una pieza impacta el equilibrio de toda la estructura. De la misma manera, todos los matrimonios mantienen un equilibrio como dos personas que cambian sus posiciones, sus actitudes y sus conductas para contrarrestarse el uno al otro. Así que, en las relaciones a largo plazo, raras vez toda la responsabilidad de los problemas cae por completo sobre los hombros de una persona. Antes de dar un solo paso, antes de hacer un movimiento, los cónyuges necesitan reconocer que no es *quién* está equivocado, de *quién* es la culpa, sino que lo que cuenta es *cuál* es el error.

El mejor día en todo matrimonio es el día en que ambos cónyuges se hacen responsables de su parte. Admitimos que esto puede dar miedo. Tomar la responsabilidad de cualquier cosa importante puede presentar nuevos temores. En esto es que debe haber estado pensando Nelson Mandela cuando dijo:

«Nuestro más grande temor no es que descubramos que somos inadecuados, sino que vamos a descubrir que tenemos un poder incalculable».

A corto plazo es mucho más fácil evitar la responsabilidad de nuestros problemas acusando a alguien más. Pero a largo plazo, admitir los errores y responsabilizarnos con nuestra parte del problema es el indicador más poderoso de la resolución del éxito.

Entonces, ¿qué parte de la conversación necesitas aceptar? Si tu relación con tu cónyuge no es todo lo que quisieras que fuera, ¿cómo te ves contribuyendo al problema? O considera la misma pregunta parafraseada de esta manera: Si tu actitud de posesión de una queja en particular que tienes en tu matrimonio se midiera en una escala del uno al cien, ¿dónde estaría? Sabemos que esta no es una pregunta fácil. Cuesta trabajo buscar y reflexionar. Pero si tomas la pregunta con seriedad y le prestas la atención que merece, podrás descubrir que el problema comienza a mejorar. Tal vez descu-

bras que puedes hacer más de lo que pensabas para resolver el problema.

El teólogo Arthur Vogel dijo: «No puede haber una verdadera respuesta sin la responsabilidad, y no puede haber responsabilidad sin la respuesta». En otras palabras, la responsabilidad es una empresa compartida. Requiere interacción, confesión, humildad y honestidad. Admitimos que es así. La responsabilidad pide mucho. Pero también trae muchas riquezas invaluables a la relación.

Las personas responsables son personas maduras
que se han hecho cargo de sí mismas y de su
conducta, que son dueñas de sus acciones y están
a la altura de ellas, que responden por ellas.
WILLIAM J. BENNETT

No se cansen de hacer el bien.
2 TESALONICENSES 3:13

No me hables mientras estoy interrumpiendo

Un buen oyente es un buen hablador con dolor de garganta.

KATHARINE WHITEHORN

Tommy Bolt, el golfista profesional, estaba jugando en Los Ángeles y tenía un caddie con una reputación de charlatán constante. Antes de iniciar el juego, Bolt le dijo: «No me digas ni una palabra. Y si te pregunto algo, solo respóndeme sí o no».

Durante la vuelta, Bolt encontró una bola al lado de un árbol, desde donde le tenía que pegar debajo de una rama, sobre un lago y al césped. Se arrodilló y miró desde el árbol para medir la tirada.

«¿Qué tú crees?» le preguntó al caddie. «¿Usar el palo cinco?»

«No, Sr. Bolt», dijo el caddie.

«¿Qué quieres decir con eso de que no use el palo cinco?» dijo Bolt con un bufido de enojo. «Mira esta tirada».

El caddie viró los ojos en blanco. «No-o-o».

Pero Bolt le pegó, y la bola se detuvo a casi dos pies del hueco. Se volvió al caddie entregándole el palo cinco y le dijo: «Ahora, ¿qué te pareció eso? Ya puedes hablar».

«Sr. Bolt», le dijo el caddie, «esa no era su bola».

¡Ayyy! Eso tuvo que haberle dolido. ¿Alguna vez declaraste inaceptable el mensaje de tu cónyuge? ¿Alguna vez le pediste a él o ella que dejara de hablar tanto? Quizás estés pensando que nunca has sido tan rudo. Está bien, así que vamos a decir que nunca lo has pedido directamente, pero ¿alguna vez has dado todas las señales no verbales a tu alcance para hacer callar a tu cónyuge? Sé honesto. ¿No ha habido alguna ocasión cuando tú simplemente no querías escuchar? Este fue el deseo que llevó a Margaret Millar a decir: «La mayoría de las conversaciones son simples monólogos efectuados en la presencia de un testigo».

No es poco común o incluso falto de bondad querer un poco de paz y tranquilidad mientras te estás concentrando. Créenos, sabemos lo que estamos diciendo. En ocasiones incontables mientras juntos escribíamos este pequeño libro, uno de los dos interrumpió al otro mientras escribía y comenzó una conversación. «Shhhh», era la respuesta más común. «¡Estoy escribiendo!» Una interrupción momentánea o desviación puede romper la concentración, ya sea que estés jugando golf, escribiendo o haciendo cualquier otra cosa.

Para cada uno de nosotros, hay momentos cuando necesitamos que nuestro cónyuge se quede tranquilo. Es por eso que tenemos todo un capítulo dedicado a «no hablar» en nuestro libro *Love Talk*. Tal vez esta sea el único libro en la historia de la comunicación que le dice a los lectores cuando no hablar.

Parece extraño, lo sabemos. No hay muchos expertos de la comunicación que dediquen tanto tiempo a cerrar la boca.

Pero estamos convencidos de que las parejas que disfrutan los niveles más profundos de la comunicación también perfeccionan su habilidad de cultivar un silencio en el debido momento. Por ejemplo, saben que no deben hablar cuando su cónyuge no está listo para hablar. Saben que no deben hablar cuando están teniendo la misma conversación que ya han tenido un millón de veces y que con seguridad tampoco esta vez va a llegar a ninguna parte. Saben que no deben hablar cuando necesitan tiempo para pensar. Y saben que no deben hablar cuando sus cónyuges necesitan ventilar sus emociones.

Mark Twain dijo: «No hay nada que moleste más como tener dos personas hablando cuando tú estás intentando interrumpir». Es cierto. A veces solo necesitamos sacarlo todo, expresar las emociones, hablar. Nosotros los consejeros le llamamos a esto: *catarsis*. Este es un término que literalmente significa «purgar o limpiar». Y puede ser exactamente lo que ordenó el médico.

Así que, si tu cónyuge está completamente enfocado en una tarea específica o simplemente necesita hacer un monólogo en lugar de un diálogo durante un rato, procura cerrar la boca. Sella tus labios. Es muy probable que un día se te devuelva el favor. Y tú no quieres que él o ella hable mientras tú estás ocupado interrumpiendo.

Nunca pierdas una buena oportunidad para callarte.
WILL ROGERS

El que refrena su boca y su lengua se
libra de muchas angustias.
PROVERBIOS 21:23

Para un esposo y una esposa

Preserven sagradamente la privacidad de su hogar,
El estado del matrimonio y su corazón.
No permitan que un padre o madre o hermana o hermano
alguna vez se atreva a interponerse entre ustedes dos
o comparta el gozo o las penas
que solo a ustedes les pertenecen.

Con ayuda mutua edifiquen su mundo tranquilo,
no permitan que tu amigo más querido sobre la tierra sea
el confidente de lo que solo le concierne a tu paz doméstica.

Dejen que los momentos de alienación, si ocurrieran,
Se sanen de una vez.
Nunca, nunca jamás hablen de estos con los extraños;
Pero confiésense el uno al otro y todo saldrá bien.
Nunca permitan que el sol de la mañana
todavía les encuentre en desacuerdo.

Renueven y renueven sus votos.
Esto les hará bien;
Y, por lo tanto, sus mentes crecerán juntas
Contentos con un amor que es más fuerte que la muerte,
y ustedes verdaderamente serán uno.

AUTOR DESCONOCIDO

No quise decir nada

No te puedo dar la fórmula para el éxito, pero sí te puedo dar
la fórmula para el fracaso: Procura complacer a todos.

HENRY BYARD SWOPE

Una mañana el juez John Lowell, de Boston, estaba desayunando, su cara estaba escondida detrás del periódico de la mañana. Una sirvienta asustada entró a la habitación caminando de puntillas y le susurró algo en el oído a la Sra. Lowell.

La dama palideció un poco, entonces se encogió de hombros y decidida, le dijo a su esposo: «John, la cocinera quemó la avena y no hay más en la casa. Me temo que esta mañana, por primera vez en diecisiete años, te tendrás que ir sin tu avena».

El juez, sin bajar el periódico, contestó: «Está bien, querida. Francamente a mí no me gusta mucho».

Bueno, ya era hora, ¿no te parece? Tal parece que algunas personas nunca se atreven a decir lo que están pensando. ¿Eres tú así? ¿Eres de los que a veces se tragan las palabras por temor a ofender a alguien? Está bien admitirlo. Muchos de nosotros luchamos para ser francos en nuestras conversaciones.

Lo más seguro es que esto sea una indicio de que sufrimos de la «enfermedad de complacer». Si pensar en decir algo que potencialmente podría herir los sentimientos de alguien te hace encoger, si evitas el conflicto como una plaga, tú tienes uno de los síntomas característicos. Y esto es lo que te evita decir lo que estás pensando. Esto no es saludable.

Se ha dicho que las personas son como los sobrecitos de té, nunca sabes lo fuerte que son hasta que están en el agua caliente. Si tú sufres de la enfermedad de complacer y caes en el agua caliente, inmediatamente procuras salir de ahí. Tratas de minimizar el conflicto, y pones la mejor cara posible a una conversación difícil. Raramente ventilas tus frustraciones o haces preguntas difíciles. Tú vives dedicado a no perturbar el equilibrio.

Mahatma Gandhi, conocido por sus bondades, dijo: «Un "No" que surge de la convicción más profunda es mejor que un "Sí" que surge solo para complacer, o lo que es peor, para evitar problemas». ¿Algunas veces repartes sí para evitar problemas?

«Creo que necesitamos resolver el problema que tú y yo tenemos». «Lastimas mis sentimientos cada vez que tú…» Estas clases de declaraciones son saludables para una conversación productiva, pero la gente con la enfermedad de complacer rara veces las dice.

No te permitas perder una genuina conversación con tu cónyuge al caminar sobre las proverbiales ascuas. En tus conversaciones pasa de «deferir» a «declarar». He aquí lo que queremos decir.

La persona que difiere en la conversación no da sus opiniones ni toma decisiones. Ellos ceden y se rinden ante cualquier cosa que perturbe el equilibrio. Pero más que nada, fingen. Fingen que les gusta algo (como la avena) que realmente no les gusta. Fingen que algo que realmente los irrita, no los hace sentirse molestos. Y todos sus fingimientos hacen que una conversación de verdad sea casi imposible. Sufren de lo que los expertos llaman «temor de la comunicación».

Cuando tú pasas de diferir a declarar, comienzas a asumir más responsabilidades y a expresar más opiniones. Usas los mensajes «Yo» para aclarar deseos, intereses y preocupaciones.

«Yo deseo comer pescado, ¿y tú?» Esto no es tan difícil.

«Tu impaciencia me hace sentir frustrada». Esto es difícil. Pero es necesario. Estas clases de mensajes envían declaraciones claras y directas que están libres de culpa y abren un diálogo honesto.

*Nuestras vidas solo mejoran cuando corremos
riesgos, y el primer y más difícil riesgo que podemos
correr es ser honestos con nosotros mismos.*

WALTER ANDERSON

*Más bien, al vivir la verdad con amor, creceremos hasta
ser en todo como aquel que es la cabeza, es decir, Cristo.*

EFESIOS 4:15

HAZME UN CUENTO

No hay peor agonía que cargar
con una historia no dicha que llevas dentro.

MAYA ANGELOU

Una vez le preguntaron a Don Hewitt, aclamado creador de la revista de noticias televisadas *60 Minutes* [60 minutos], acerca de su éxito con el show. «Mi filosofía es simple», dijo Hewitt. «Es lo que le dicen los niños a sus padres: "Hazme un cuento". Hasta los que escribieron la Biblia saben que cuando uno quiere hablar acerca de temas, lo que hace es contar historias. El tema era la maldad; la historia fue Noé».

Hewitt continuó diciendo: «He tenido productores que me dicen: "Tenemos que hacer algo sobre la lluvia ácida". Yo digo: "Espérate un momento. La lluvia ácida no es una historia. La lluvia ácida es un tópico. Nosotros no hacemos tópicos. Búscame a alguien que tenga que lidiar con el problema de la lluvia ácida. Entonces tendrás una historia».

¿Quién podría discrepar con esta clase de observación? A nosotros los humanos nos encantan los cuentos buenos. No importa la edad o circunstancia en la que estemos, nos gusta llegar a sumergirnos en el drama de un buen argumento. Y nos gusta todavía más si la historia involucra personas que conocemos, incluso nosotros mismos.

Loren Niemi, un narrador profesional, explica el encanto de su arte y lo hace, con qué si no, con una historia,:

Una antropóloga lleva un televisor a una tribu primitiva. Ellos se reúnen alrededor de su nueva caja mágica, instantáneamente se hipnotizan. En una visita a la villa más o menos un mes después, la antropóloga ve el televisor, desconectado y empolvado en una esquina de una choza. La tribu está sentada formando un círculo, contándose las historias a la manera antigua. «¿Cómo es posible que se aburrieran ya del televisor?» pregunta ella. «Bueno, el televisor sabe muchas cosas interesantes, pero no nos conoce», contestó el jefe.

Precisamente. Cuando se trata de sus conversaciones del uno con el otro, es difícil fallar con una buena historia, al menos que la historia no tome en consideración a tu compañero. En otras palabras, cuando tú tienes una historia que contar, asegúrate de considerar los intereses de tu compañero. Si a él o a ella no le gustan los deportes, es posible que un cuento acerca de un juego triple en la séptima entrada, en un juego de la semana pasada, no le produzca el mismo entusiasmo que tú sientes. O si tu compañero no se siente fascinado con la variedad de rosas que ayer encontraste en el jardín, no esperes captar su interés con la historia. Son muchas las veces que hemos oído a parejas decir algo como esto: «A él no le interesa mi mundo». O «ella cree que las cosas que a mí me gustan son aburridas».

No es necesario que este sea el caso. La clave para hacer un buen cuento es relacionarlo con un elemento de interés para tu compañero. Es posible que aún puedas hablar del juego de pelota con tu cónyuge que es un analfabeto en deportes, si tú lo conectas con un aspecto de la historia en el cual ella se interese. Quizás la jugada en el campo de pelota a tu compañera le importe un bledo, pero tal vez sí le fascinen la vida privada del jugador, la reacción de los fanáticos ante una decisión del árbitro o cualquiera de las docenas de detalles de la historia principal.

Y aunque tu compañero tal vez no sea un gran fanático de la jardinería, puede interesarse en aprender que las diferentes variedades de rosas a menudo llevan su nombre de una persona o tienen colores que simbolizan diferentes ocasiones. Pero más importante aún es que quizás se interese en saber cómo te sientes cuando estás sembrando algo nuevo en tu jardín.

La clave de un buen cuento es que tenga alguna importancia en la vida del oyente. No es suficiente saber cosas interesantes si lo que tú sabes no se relaciona con la persona a la que le estás hablando.

Y, a propósito, a veces contar un cuento tiene tanto efecto en la persona que lo cuenta como en el que escucha. Martin Buber, el filósofo judío, recuerda un ejemplo dramático de este principio: «Mi abuelo era cojo. Una vez le pidieron que contara una historia acerca de su maestro, y él relató cómo este daba saltos con un pie y bailaba mientras que oraba. Mi abuelo se levantó a medida que hablaba y estaba tan abstraído en la historia que hasta él mismo comenzó a saltar y bailar y mostrar cómo el maestro lo hacía. Desde ese momento, se curó de su cojera».

Así que, en sus conversaciones diarias entre sí, nunca descuiden el poder que viene de contar y escuchar una buena historia.

Como es un relato, así también es la vida.

SÉNECA

Hablaremos a la generación venidera del poder del Señor,
de sus proezas, y de las maravillas que ha realizado.

SALMO 78:4

HABLA

Antes de casarse, un hombre declara que él daría su vida por servirte;
después de casado ni siquiera baja el periódico para hablar contigo.

HELEN ROWLAND

Un anciano se detuvo en un centro de audífonos y preguntó los precios.

—Los tenemos desde $25,000 hasta $1.50 —dijo el vendedor.

—¿Cómo es el de $25,000?

—Bueno, traduce a tres idiomas diferentes.

—¿Y qué me dice del que cuesta $1.50?

—Es un botón conectado a un cordón —dijo el vendedor, empujándolo a través del mostrador.

—¿Cómo funciona?

—No funciona. Pero si usted se coloca el botón en el oído y el cordón en el bolsillo, le sorprenderá cómo la gente se esforzará para hablarle alto.

¿Alguna vez sentiste que necesitabas una medida drástica, incluso astuta, para hacer que tu cónyuge hable? ¿Alguna vez sentiste que tú eras todo oídos, pero tu cónyuge no tenía nada que decir? Esta es una experiencia común cuando quieres escuchar acerca de su día o incluso de alguna conversación por teléfono que acaba de tener:

—¿Te escuché esta tarde hablando con Juan por teléfono?

—Sí.

—¿Qué quería decirte?

—Nada.

—Pero me pareció que ustedes hablaron durante un buen rato.

—¿Tú crees?

—Bueno, yo pensé que tal vez él te diría algo acerca del regalo que le enviamos a Laura.

—Ah, sí, nos dio las gracias.

—¿Algo más?

—No, creo que no.

¿Te ha sucedido? ¿Alguna vez has tenido una conversación de esta clase con tu esposo? No es una pregunta machista. Sencillamente sabemos según las investigaciones, que los hombres, más que las mujeres, son más dados a guardarse la información. En efecto, algunos estudios han mostrado que mientras las mujeres dicen alrededor de 5,000 palabras en un día, los hombres solo dicen alrededor de 2,000 palabras. Hay algo acerca de nuestra programación como hombres y mujeres que hace que los hombres retengan más información que las mujeres. No es que los hombres sean más privados o reservados. Tiene que ver más con lo que la lingüística llama su «apunte social». Por ejemplo, mira lo que aprende la esposa en este fragmento de conversación cuando esa noche va a una comida con su esposo y otra pareja.

—Ah, hoy hablé con Juan por teléfono.

—¿Qué le pasa a este Juan? —pregunta el otro hombre.

—Él y Laura acaban de regresar de un viaje a Branson por su cumpleaños y mientras estaba allá, entró en un torneo de golf local y ganó. Resultó que regresó a la casa con $1000 dólares en el bolsillo.

—¿Estás bromeando? —dijo la esposa—. ¿Acaso tengo yo que salir con ustedes para saber de qué habla mi esposo por teléfono?

Algo acerca de las circunstancias sociales sacó a relucir esta información. Extraño, ¿verdad? Pero esto es común. Así que no permitas que tus sentimientos se hieran si tu esposo parece tener poco que informar en lo individual pero se convierte en una fuente de información en otro escenario.

Haber dicho esto no te da, como esposo, una licencia para callarte cuando tu esposa está pidiendo información. Quizás necesites algún esfuerzo mental, pero practica tu habilidad para recrear una conversación, pon a un lado tu periódico, y habla. Ambos se sentirán mejor.

Los propósitos principales de la conversación son informar o ser informado, agradar o persuadir.

BENJAMÍN FRANKLIN

Mas la boca de los rectos los librará.

PROVERBIOS 12:6 (RVR)

HOUSTON, TENEMOS UN PROBLEMA DE ACTITUD

El problema no es que haya problemas. El problema es esperar
que sea diferente y pensar que tener problemas es un problema.

THEODORE RUBIN

En abril de 1970, una explosión en pleno vuelo lisió la aeronave Apollo 13. Los astronautas tuvieron que confiar en las técnicas de navegación arcaica para regresar a casa. Un error de cálculo podía mandar la nave a miles de millas fuera del curso al espacio. Aunque volver a navegar en la órbita de la tierra fuera un éxito, permanecían los temores de que el escudo para el calor y los paracaídas no fueran funcionales. Además, se estaba desarrollando una tormenta tropical en la zona de aterrizaje.

Cuando un agente de la prensa enumeró la multitud de peligros que encaraba la tripulación, un oficial de la NASA que él estaba entrevistando, obviamente tenso, contestó: «Yo sé cuáles son los problemas, Henry. Este será el peor desastre que jamás la NASA haya experimentado».

Un jefe de la NASA oyó esta declaración pesimista y respondió firmemente: «Con todos mis respetos, creo que este será nuestro mejor momento».

Una mezcla de temor y esperanza se grabó en las caras del equipo de la NASA y los amigos y familiares de los astronautas mientras observaban queriendo ver cualquier señal de un regreso exitoso. Tres minutos después que comenzara el proceso para regresar, la voz de Walter Cronkite informó a la audiencia televisiva que ninguna cápsula espacial había tomado más de tres minutos para completar el regreso. Un empleado de la NASA continuó intentando ponerse en contacto con Odyssey, diciendo: «Odyssey, este es Houston. ¿Me escuchan?» El silencio era agonizante. De repente, chisporroteó el recibidor en la NASA. Una cápsula pareció materializarse de la nada sobre la pantalla, y los paracaídas parecían como flores gigantes que acababan de brotar.

Una voz alta y clara respondió: «Hola, Houston. Este es Odyssey. Qué bueno es volver a verte».

A muy pocos de nosotros nos llamarán para resolver un problema tan complejo y emocionante, de esta magnitud, pero esto no quiere decir que nuestras estrategias para resolver problemas sean necesariamente tan diferentes a las de la NASA. Nota cómo un oficial en esta historia verdadera miró el problema con tanto pesimismo, haciendo énfasis en el desastre potencial, mientras que otro oficial vio el problema como una oportunidad, algo que viviría en los libros de la historia como su mejor momento. ¿Realmente tiene algún impacto la diferencia de una actitud dada en la solución del problema? Desde luego.

La investigación en cuanto a las maneras de resolver problemas en el matrimonio muestran que una actitud positiva significa mucho para ayudar a las parejas a sobrevivir y prosperar en tiempos de prueba. «La creatividad para descubrir soluciones potenciales», dice el investigador Martin Seligman, «va mucho más lejos entre aquellos que tienen una perspectiva optimista». Tiene sentido. Los optimistas no son solo más creativos, sino más persistentes. Ellos permanecen con un problema hasta conquistarlo, especialmente en el matrimonio.

Los cónyuges pesimistas parecen trabarse al señalar lo que está mal. Tal vez esa no sea su intención, pero restringen la acción, la imaginación y la iniciativa. Desde luego, todos tenemos momentos de pesimismo, pero algunos de nosotros permanecemos demasiado tiempo en esta actitud. ¿Cuál es el síntoma revelador? Si estás atascado en la rutina de un problema (mantener la casa limpia, pagar las cuentas a tiempo, disciplinar a los hijos constantemente), es posible que te estés adobando en el malestar de una perspectiva negativa. Y ya es hora de examinar esa actitud. En efecto, el problema con tu problema puede ser tu actitud. Es difícil exagerar el poder de tu perspectiva en cuanto a tu habilidad para resolver juntos los problemas. Así que haz un inventario. Confiésalo. ¿Necesitas un cambio de actitudes? La mayoría de nosotros lo necesitamos en un momento u otro. Considera este un recordatorio para hacer exactamente eso. Y recuerda esta sugerencia de la famosa poeta Maya Angelou: «Si algo no te gusta, cámbialo. Si no lo puedes cambiar, cambia tu actitud. No te quejes».

La actitud es el pincel de la mente,
este puede darle color a cualquier situación.

AUTOR DESCONOCIDO

Ser renovados en la actitud de su mente.

EFESIOS 4:23

¿OÍSTE LO QUE NO ESTOY DICIENDO?

Cuando le hablamos a los miembros de la familia, buscamos señales de amor pero nos sintonizamos con señales de desaprobación.

DEBORAH TANNEN

Lo que más determina tu mensaje es *cómo* tú lo dices y no *qué* dijiste realmente. En otras palabras, lo que no se dice es tan importante como lo que se dice. Considera una oración que parece sencilla y cómo el énfasis con diferentes palabras puede cambiar el mensaje:

Con placer: Tú estás usando ese abrigo.

Con disgusto: Tú estás usando ESE abrigo.

Con sorpresa: ¿TÚ ESTÁS usando ese sweater?

Tú cónyuge escucha lo que no se está diciendo.

Vamos a aclarar esto. Lo que nos decimos uno al otro es solo una pequeña parte del proceso de la comunicación. Cómo lo decimos: con una sonrisa, o encogiéndote de hombros, o frunciendo el entrecejo, o deslumbrados, expresa mucho más. Algunos expertos en comunicación dicen que tanto como un noventa por ciento de nuestra comunicación no se expresa con las verdaderas palabras que usamos. Si te gusta o no, tú estás diciendo mucho más con tu tono y el lenguaje de tu cuerpo que lo que estás diciendo con tus palabras.

Considera esto. Mirar a los ojos de la otra persona o no, revela cuán sinceramente estás interesado en comprender a tu cónyuge. Pero no solo los buenos conversadores miran a los ojos de la otra persona con mucha frecuencia, los científicos han descubierto que realmente tus pupilas se dilatan, una reacción involuntaria cuando lo que ves te da placer. Asombroso, ¿no es verdad? Tus ojos verdaderamente son las ventanas de tu alma. A propósito, no puedes falsificar el tamaño de la dilatación de las pupilas. O estás sinceramente interesado, o no lo estás. Tus ojos no mentirán.

La mirada no es el único indicio para las relaciones de las parejas. Las parejas infelices, de acuerdo al investigador John Gottman, exhiben una amplia gama de gestos y lenguajes corporales que expresan su distanciamiento. Se inclinan alejándose uno del otro, viran sus ojos en blanco y cruzan sus brazos. Hay más rigidez. La investigación de Gottman muestra que las mujeres que a menudo están infelices inconscientemente tensan su labio superior mientras hablan. Y tanto los hombres como las mujeres que desprecian a sus cónyuges inclinarán sus cabezas hacia atrás y literalmente tendrán sus narices mirando hacia abajo al hablarles a sus cónyuges, como si estuvieran oliendo algo desagradable.

Las parejas amorosas, por otra parte, a menudo se tocan uno al otro mientras hablan, y esto no necesariamente significa algo tan convencional como tomarse de las manos. Dar una palmada sobre el antebrazo, quitar un hilito de una solapa o incluso entrelazar los pies, son maneras tiernas de intensificar la relación verbal. Estas parejas también se inclinan pegados uno al otro, como si un imán estuviera funcionando para unirlos.

En resumidas cuentas, ¿qué se puede decir en cuanto a la comunicación no verbal? Si están dependiendo solo de las palabras para comunicarse el uno al otro, se están engañando. Los investigadores han descubierto que los esposos y las esposas son muy buenos intérpretes de la comunicación no verbal de sus cónyuges. De hecho, los esposos cuyas esposas envían claros mensajes mediante expresiones faciales reportan menos quejas en sus matrimonios. La comunicación no verbal es críticamente importante cuando se trata de comprender y ser comprendido.

Lo más importante en la comunicación
es escuchar lo que no se ha dicho.
PETER F. DRUCKER

No amemos de palabra ni de labios
para afuera, sino con hechos y de verdad.
1 JUAN 3:18

ÉL DIJO, ELLA DIJO

Debido a nuestras circunstancias sociales,
los hombres y las mujeres son realmente dos culturas,
y las experiencias de sus vidas son completamente diferentes.

KATE MILLET

Ella dice: «¿Escuchaste lo que te acabo de decir?»

Él dice: «Sí, estoy pensando en eso».

Ella dice: «Bueno, nunca lo hubiera sabido. Ni siquiera me estás dando la cara y mucho menos me estás mirando».

Él dice: «Claro que sí».

Ella dice: «No, no es cierto. Mira cómo estás sentado».

Este fragmento de una conversación demuestra lo difícil que puede ser para los hombres y las mujeres comprenderse. Solo recientemente los investigadores comenzaron a comprender cuán drásticas son las diferencias entre la comunicación de los hombres y las mujeres.

Deborah Tannen y otros sociolingüistas han llegado a creer que los géneros hablan con *tanta* diferencia que en efecto, los dos estilos de comunicación se podrían considerar idiomas diferentes, o por lo menos «génerolectos» diferentes.

En su libro revolucionario *You Just Don't Understand* [Tú realmente no comprendes], Tannen sugiere que los hombres se crían en un mundo competitivo. Para los hombres, la vida es un reto, una confrontación, una lucha para preservar la independencia y evitar el fracaso, un concurso en el cual ellos luchan para estar por encima de sus colegas. En sus conversaciones, los hombres intentan establecer poder y posición. En el mundo de la posición, la *independencia* es la clave.

Las mujeres, por otra parte, abordan el mundo buscando relación e intimidad, amistades íntimas e igualdad con sus amigas. En sus conversaciones, procuran dar afirmación y apoyo y tratan de alcanzar el consenso. Para las mujeres, la *intimidad* es la clave en el mundo de la relación.

Si las mujeres recalcan la relación y la intimidad, y los hombres destacan la independencia y la posición, los conflictos y los malos entendidos están propensos a surgir. Por ejemplo, muchas mujeres creen que es natural consultarles a sus cónyuges todas las cosas, mientras que los hombres automáticamente toman más decisiones sin consultar. Las mujeres esperan que las decisiones se comenten primero y se tomen según el consenso. Ellos aprecian los comentarios como una evidencia de involucrarse y preocuparse. Pero muchos hombres se sienten oprimidos con los comentarios extensos, acerca de aquello que consideran decisiones menores. Se sienten atados si no pueden actuar sin primero tener que pasar por un montón de conversaciones. Las mujeres procuran motivar conversaciones libres despreocupadas con preguntas así: «¿Qué tú crees?» Los hombres tal vez tomen la pregunta literalmente y piensen que les están pidiendo que tomen una decisión cuando en realidad sus cónyuges solo desean conversar.

Para muchos hombres que trabajan en posiciones competitivas, la comodidad de su hogar significa liberarse de tener que estar probando lo que son e impresionar a otros mediante la exhibición verbal. Por lo menos, están en una situación donde no se les requiere hablar y sienten que tienen la libertad de permanecer en silencio. Pero para una mujer, el hogar es el lugar donde ella y su cónyuge tienen la libertad de hablar. Especialmente para la esposa tradicional, el regreso de su esposo del trabajo significa que es hora de hablar, relacionarse, tener intimidad. En esta situación, la mujer es dada a considerar el silencio de su esposo como un rechazo, mientras que él toma las necesidades de ella de hablar como una invasión a su privacidad.

Aunque los estilos de comunicación de los hombres difieren en muchos aspectos a los de las mujeres, es un error pensar que un estilo es automáticamente mejor que el otro. Lo importante es aprender cómo interpretar los mensajes del otro y expresar el tuyo de una manera que tu pareja lo acepte. No existe una manera correcta de escuchar, hablar o tener una conversación. Aunque una mujer pueda enfocarse más en la intimidad y la compenetración mientras que su cónyuge se enfoque más en su posición social, no es necesario que esta diferencia nos lleve al malentendido. Todo lo que se requiere es que la pareja comprenda que sus estilos de comunicación son diferentes, pero que ambos son aceptables.

Realmente tú nunca comprendes a una persona
hasta que consideres las cosas desde su punto de vista.
HARPER LEE

En fin, vivan en armonía los unos con los otros.
1 PEDRO 3:8

Acerca de los autores

Los doctores Les y Leslie Parrott son codirectores del Centro para el Desarrollo de las Relaciones en la Universidad de Seattle Pacific (SPU, por sus siglas en inglés), un programa pionero dedicado a la enseñanza de las buenas relaciones básicas. Les Parrott es profesor de sicología clínica en SPU, y Leslie también trabaja en SPU como terapeuta del matrimonio y la familia. Les y Leslie Parrott son autores de libros ganadores del Medallón de Oro: *Asegure el éxito en su matrimonio antes de casarse, Becoming Soul Mates* [Cómo convertirse en almas gemelas], *The Love List* [La lista del amor], *Relationships* [Relaciones] y *Cosas malas en matrimonios buenos*. Han sido invitados al programa de Oprah, CBS This Morning, CNN y The View, y aparecieron en los periódicos *USA Today* y el New York Times. También son asiduos conferencistas invitados y han escrito para diversas revistas. El programa de radio de los Parrott, *Love Talk* [Conversaciones de amor] se puede escuchar en estaciones a través de Norteamérica. Ellos viven en Seattle, Washington, con sus dos hijos.

DISFRUTE DE OTRAS PUBLICACIONES DE EDITORIAL VIDA

Desde 1946, Editorial Vida es fiel amiga del pueblo hispano a través de la mejor literatura evangélica. Editorial Vida publica libros prácticos y de sólidas doctrinas que enriquecen el caudal de conocimientos de sus lectores.

Nuestras Biblias de Estudio poseen características que ayudan al lector a crecer en el conocimiento de las Sagradas Escrituras y a comprenderlas mejor. Vida Nueva es el más completo y actualizado plan de estudio de Escuela Dominical y el mejor recurso educativo en español. Además, nuestra serie de grabaciones de alabanzas y adoración, Vida Music, renueva su espíritu y llena su alma de gratitud a Dios.

En las siguientes páginas se describen otras excelentes publicaciones producidas especialmente para usted. Adquiera productos de Editorial Vida en su librería cristiana más cercana.

Vida

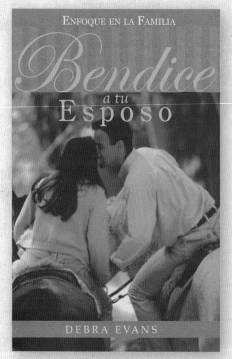

ENFOQUE EN LA FAMILIA

Bendice
a tu
Esposo

DEBRA EVANS

BENDICE A TU ESPOSO

Este libro es un conjunto de porciones reveladoras de las Escrituras e historias verdaderas acerca de los increíbles cambios que ocurren cuando las esposas le dan prioridad al acto de bendecir a sus esposos, entendiendo sus características, la forma en que ellos piensan y lo que más les interesa, de modo que su relación sea más satisfactoria. Es increíble la forma en la que algo tan sencillo puede transformar la vida matrimonial de forma tan efectiva.

ASEGURE EL ÉXITO EN SU MATRIMONIO ANTES DE CASARSE

¡Por fin!, un programa de preparación comprensivo y práctico específicamente diseñado para el matrimonio de la pareja actual. Es un libro lleno de consejos sinceros de una pareja que conoce las esperanzas y los esfuerzos de los matrimonios contemporáneos.

Su sabiduría y aplicación práctica siempre da esperanza a los matrimonios. —John Maxwell, INJOY.

Hoy te amo más que ayer...

Cómo
los
problemas
diarios pueden
fortalecer tu matrimonio

Dres. Les & Leslie Parrott

Anteriormente con el título Cuando lucharon cosas malas en matrimonios buenos

HOY TE AMO MÁS QUE AYER

Cómo los problemas diarios pueden fortalecer tu matrimonio

Les y Leslie Parrott piensan que las mismas fuerzas que pueden derrumbar un matrimonio también pueden convertirse en catalizadores de la profundidad y la riqueza en la relación cuando se aprenden a utilizar los problemas cotidianos para fortalecer la vida matrimonial.

En este libro los autores exploran cómo un matrimonio sobrevive y se fortalece cuando una pareja aprende a utilizar los problemas como impulsores de su vida amorosa.

LIBROS DE TRABAJO PARA EL HOMBRE Y LA MUJER

libro · de · trabajo · para · el · hombre

Incluye 21 autoexámenes

Hoy te amo más que ayer...

Cómo los problemas diarios pueden fortalecer tu matrimonio

EDITORIAL VIDA

Dres. Les & Leslie Pa

Anteriormente con el título Cuando suceden cosas malas en ma

libro · de · trabajo · para · la · mujer

Incluye 21 autoexámenes

Hoy te amo más que ayer...

Cómo los problemas diarios pueden fortalecer tu matrimonio

EDITORIAL VIDA

Dres. Les & Leslie Parrott

Anteriormente con el título Cuando suceden cosas malas en matrimonios buenos

Nos agradaría recibir noticias suyas.
Por favor, envíe sus comentarios sobre
este libro a la dirección que aparece a
continuación. Muchas gracias.

EDITORIAL VIDA
7500 NW 25th Street, Suite 239
Miami, Florida 33122

Vida@zondervan.com
http://www.editorialvida.com